DEVENEZ MAÎTRE DE VOTRE BUDGET

Stratégies Simples pour Gérer Vos Finances Personnelles

CYK

CONTENTS

INTRODUCTION

La gestion financière personnelle est souvent perçue comme une tâche intimidante et complexe, réservée aux experts ou aux personnes ayant des connaissances avancées en économie. Pourtant, il s'agit d'une compétence essentielle à la portée de chacun qui peut transformer notre vie quotidienne et nous permettre d'atteindre nos objectifs, que ce soit l'achat d'une maison, financer l'éducation de nos enfants ou simplement vivre plus sereinement.

Ce guide a été conçu pour vous accompagner pas à pas dans l'apprentissage et la maîtrise de vos finances personnelles. Il s'adresse aussi bien aux débutants qu'aux personnes ayant déjà quelques connaissances mais souhaitant approfondir certains aspects de la gestion financière.

Nous commencerons par explorer les bases de la gestion financière afin de mettre en place des fondations solides. Ensuite, nous verrons comment établir un budget réaliste, premier pas indispensable vers une gestion contrôlée de vos finances. Il ne suffit pas d'établir un budget, encore faut-il apprendre à le suivre scrupuleusement. Vous découvrirez donc les meilleures méthodes pour suivre vos dépenses et vos revenus. Enfin, nous aborderons les outils modernes et applications qui peuvent vous faciliter la vie car, bien que les principes de la gestion financière n'aient pas changé, les moyens, eux, se sont considérablement modernisés.

Ce guide se veut avant tout pratique et accessible. Vous y trouverez non seulement des explications théoriques, mais aussi des exemples concrets, des études de cas et des conseils pratiques pour vous aider à appliquer immédiatement ce que vous aurez appris. Notre objectif est de démystifier la gestion financière personnelle et de vous montrer que chacun peut prendre en main ses finances et améliorer sa situation financière.

Un des ajouts notables de ce guide est l'inclusion d'un chapitre dédié au comportement financier, essentiel pour maîtriser et respecter son budget. Comprendre les biais comportementaux et adopter des habitudes financières positives vous permettra de maintenir un budget équilibré et de prendre des décisions financières plus éclairées.

En prenant le contrôle de vos finances, vous ouvrirez la porte à une vie plus sereine et épanouissante. Prêt à commencer ce voyage vers une meilleure gestion de vos ressources ? Prenez une grande inspiration, armez-vous de patience et de détermination, et embarquons ensemble dans cette aventure passionnante !

CHAPITRE 1 : LES BASES DE LA GESTION FINANCIÈRE

1.1 Introduction à la gestion financière

La gestion financière personnelle est une compétence essentielle qui influe grandement sur notre qualité de vie et notre bien-être. Elle consiste en l'organisation, la planification et la gestion de nos ressources financières afin de prendre des décisions éclairées et de vivre en toute sécurité financière.

Comprendre la gestion financière, c'est d'abord reconnaître l'importance de l'ordre dans nos finances. En mettant en place des pratiques structurées et réfléchies, nous pouvons non seulement éviter les tracas financiers du quotidien mais aussi anticiper et planifier pour l'avenir. Que vous ayez pour objectif d'épargner pour un achat important, de réduire vos dettes ou simplement de mieux contrôler vos dépenses, une gestion financière efficace est la clé.

Au cœur de la gestion financière se trouvent des concepts simples mais puissants : le revenu, les dépenses, l'épargne et l'investissement. Savoir quand et comment équilibrer ces éléments est fondamental. La gestion financière ne se limite pas à savoir combien nous gagnons ou dépensons chaque mois ; elle englobe également la manière dont nous prévoyons et agissons pour atteindre nos objectifs à court et à long terme.

Mais pourquoi s'intéresser à la gestion financière personnelle ? Parce que, tout simplement, elle nous permet de vivre la vie que nous souhaitons. Elle nous offre la liberté de prendre des décisions sans être constamment stressé par des contraintes financières. Elle nous permet aussi de construire un avenir solide, que ce soit pour nous-mêmes ou pour nos proches.

En outre, être maître de ses finances personnelles apporte un sentiment de satisfaction et d'accomplissement. À mesure que vous apprendrez les bases de la gestion financière, vous découvrirez comment de petites actions quotidiennes peuvent conduire à de grandes améliorations dans votre situation financière à long terme.

C'est pourquoi ce premier chapitre va poser les bases essentielles de la gestion financière personnelle. Nous allons explorer les concepts et les principes fondamentaux qui vous serviront de guide tout au long de ce voyage. Vous apprendrez également comment fixer des objectifs financiers que vous pourrez atteindre grâce à une planification minutieuse et une discipline rigoureuse.

Prenez cette introduction comme une première étape vers une maîtrise complète de vos finances. En comprenant et en appliquant les bases qui seront présentées, vous serez mieux préparé à prendre des décisions éclairées et à construire la sécurité financière que vous méritez.

1.2 Définitions clés et concepts fondamentaux

Avant de plonger dans les détails de la gestion financière personnelle, il est important de bien comprendre quelques définitions clés et concepts fondamentaux. Ces notions vous serviront de base pour toutes les démarches et décisions financières que vous entreprendrez.

Revenu :

Le revenu constitue l'ensemble des ressources financières que vous recevez sur une période donnée, généralement par mois. Cela inclut votre salaire, éventuellement des revenus complémentaires tels que des primes, des allocations, des intérêts sur des investissements, ou encore des revenus passifs comme des loyers. Comprendre vos différentes sources de revenu est essentiel pour une gestion financière efficace.

Dépenses :

Les dépenses représentent l'argent que vous utilisez pour couvrir vos besoins et vos désirs. Elles se divisent principalement en deux catégories : les dépenses fixes et les dépenses variables. Les dépenses fixes incluent le loyer, les prêts, les assurances, alors que les dépenses variables concernent l'épicerie, les loisirs, les vêtements, etc. Tracer et identifier vos types de dépenses vous aide à déterminer où des ajustements peuvent être faits.

Épargne :

L'épargne est une partie de vos revenus que vous mettez de côté avec l'intention de l'utiliser plus tard. Elle peut être destinée à des objectifs spécifiques à court terme (vacances, achat d'un bien) ou à long terme (retraite, fonds d'urgence). Épargner régulièrement, même de petites sommes, peut conduire à une sécurité financière accrue et une capacité à faire face aux imprévus.

Investissement :

Investir consiste à utiliser une partie de votre revenu ou épargne pour l'acquisition d'actifs financiers (actions, obligations, biens immobiliers, etc.) dans l'espoir de générer un retour sur investissement à l'avenir. Les investissements impliquent généralement un certain risque, mais ils sont également un moyen de faire fructifier votre argent plus rapidement que si vous le laissiez simplement sur un compte d'épargne.

Dettes :

Une dette est une somme d'argent que vous avez empruntée et que vous devez rembourser, souvent avec des intérêts. Les dettes peuvent être utiles et nécessaires pour des dépenses importantes comme l'achat d'une maison ou le financement des études, mais une gestion prudente est cruciale pour éviter les pièges de l'endettement excessif.

Flux de trésorerie :

Le flux de trésorerie représente la circulation de l'argent entrant et sortant de vos finances personnelles. Un flux de trésorerie positif signifie que vos revenus dépassent vos dépenses, tandis qu'un flux de trésorerie négatif pointe vers des problèmes potentiels nécessitant des ajustements budgétaires.

Budget :

Un budget est un plan détaillé de vos revenus et de vos dépenses sur une période donnée. Il vous permet d'allouer vos ressources de manière optimale pour atteindre vos objectifs financiers et de garder le contrôle sur vos finances. La budgétisation est un outil de gestion indispensable qui vous aide à éviter les excès de dépenses et à favoriser l'épargne.

Objectifs financiers :

Les objectifs financiers sont les cibles que vous vous fixez pour l'utilisation de votre argent. Ils peuvent inclure des objectifs à court terme comme économiser pour les vacances ou des objectifs à long terme comme la préparation de votre retraite. Définir clairement vos objectifs vous aide à rester concentré et motivé dans vos efforts de gestion financière.

En maîtrisant ces concepts essentiels, vous poserez les fondations solides nécessaires pour gérer efficacement vos finances et prendre des décisions éclairées. Ces principes vous guideront tout au long de votre cheminement vers une meilleure gestion financière personnelle.

1.3 Principes de base de la gestion financière

La gestion financière personnelle repose sur plusieurs principes de base que tout individu devrait intégrer dans sa routine financière. Ces principes servent de guides pour une gestion saine et efficace de vos ressources, vous permettant ainsi de maintenir une stabilité et d'atteindre vos objectifs financiers.

1. Vivre en dessous de ses moyens :

Un des principes les plus fondamentaux de la gestion financière est de dépenser moins que ce que vous gagnez. Cela implique une discipline et une conscience de vos habitudes de consommation. En adoptant ce principe, vous créez un excédent financier que vous pouvez utiliser pour épargner ou investir, soutenant ainsi vos objectifs financiers à long terme.

2. Épargner régulièrement :

L'épargne devrait être une priorité dans votre budget mensuel. Le montant épargné peut varier en fonction de votre revenu et de vos dépenses, mais l'essentiel est de le faire régulièrement. L'épargne automatique, où une partie de votre revenu est directement transférée sur un compte d'épargne, peut faciliter cette habitude.

3. Éviter les dettes inutiles :

Bien que certaines dettes puissent être nécessaires, comme un prêt immobilier, il est crucial d'éviter les dettes superflues qui peuvent rapidement s'accumuler et mener à une situation financière précaire. Optez pour des achats au comptant dans la mesure du possible, et soyez vigilant avec l'utilisation de cartes de crédit.

4. Planifier pour les imprévus :

Avoir un fonds d'urgence est indispensable pour faire face aux dépenses imprévues sans perturber votre budget ou provoquer un endettement supplémentaire. Un bon fonds d'urgence devrait couvrir au moins trois à six mois de vos dépenses courantes.

5. Investir dans son avenir :

L'épargne seule peut ne pas suffire à sécuriser votre avenir financier. Les investissements judicieusement choisis, qu'ils soient dans des actions, des obligations, ou l'immobilier, peuvent augmenter vos ressources à long terme. Diversifier vos investissements est également recommandé pour réduire les risques.

6. Suivre et ajuster son plan financier :

Une gestion efficace de vos finances nécessite une surveillance continue de vos revenus et dépenses. En suivant régulièrement votre budget et en ajustant selon les nouvelles réalités de votre vie (augmentation de revenu, changements de dépenses, nouveaux objectifs), vous restez en contrôle de votre situation financière.

7. Se fixer des objectifs financiers clairs :

Des objectifs clairs et définis vous donnent une direction et une motivation pour gérer vos finances. Ces objectifs doivent être spécifiques, mesurables, atteignables, pertinents et limités dans le temps (SMART). Que ce soit pour l'achat d'une maison, la préparation de la retraite ou le financement des études de vos enfants, des objectifs bien définis facilitent la planification financière.

8. Éduquer et informer :

La gestion financière n'est pas une compétence statique, elle évolue avec le temps et les circonstances. Investir dans votre propre éducation financière, à travers des livres, des cours, des blogs spécialisés ou des conseillers financiers, vous aidera à rester informé et à améliorer constamment vos stratégies financières.

En appliquant ces principes de base, vous jetez les fondements d'une gestion financière solide. Ces principes sont les piliers sur lesquels repose une gestion efficace de votre argent, vous protégeant des aléas financiers et vous aidant à atteindre vos ambitions économiques.

1.4 Fixer des objectifs financiers : court terme vs long terme

La fixation d'objectifs financiers est une étape cruciale dans la gestion de vos finances personnelles. Elle permet de donner une direction claire et motivante à vos efforts financiers. Pour être efficaces, ces objectifs doivent être catégorisés en fonction de leur échéance : court terme, moyen terme et long terme.

Objectifs à court terme :

Les objectifs financiers à court terme sont ceux que vous souhaitez atteindre dans un laps de temps relativement court, généralement moins d'un an. Ils peuvent inclure des projets comme constituer un fonds d'urgence, payer une dette de carte de crédit, épargner pour des vacances ou acheter un nouvel appareil ménager.

Ces objectifs requièrent une planification et une exécution rapide. Ils nécessitent souvent des ajustements immédiats dans votre budget pour économiser le montant nécessaire dans le temps imparti. Établir ces objectifs vous donne des gains rapides, renforçant votre motivation et vos habitudes d'épargne.

Objectifs à moyen terme :

Les objectifs financiers à moyen terme couvrent généralement une période d'un à cinq ans. Ils comprennent des projets plus ambitieux, comme économiser pour une voiture, préparer un fonds pour l'éducation de vos enfants, ou planifier une rénovation majeure de votre maison.

Ces objectifs demandent une stratégie financière plus élaborée et une discipline continue. Vous pouvez combiner des techniques d'épargne et des investissements à faible risque pour atteindre ces buts. À mi-parcours de l'échéance, il peut être utile de réévaluer vos progrès et d'ajuster votre plan si nécessaire.

Objectifs à long terme :

Les objectifs à long terme s'étendent sur une période de cinq ans ou plus. Ils incluent des projets de grande envergure comme l'achat d'une maison, la préparation de votre retraite, ou la constitution d'un portefeuille d'investissement robuste.

Ces objectifs nécessitent une planification rigoureuse et souvent une combinaison d'épargne et d'investissement à long terme. Les actions, les obligations et l'immobilier sont des exemples d'investissements adaptés à l'atteinte d'objectifs à long terme. Il est crucial de réévaluer périodiquement vos progrès et de diversifier vos investissements pour minimiser les risques et maximiser les rendements.

SMART : Definir Vous Objectifs

Pour maximiser vos chances de succès, utilisez la méthode SMART pour définir vos objectifs financiers. Ils doivent être spécifiques (clairement définis), mesurables (quantifiables), atteignables (réalistes), pertinents (significatifs), et temps limité (avec une échéance précise).

Alignement sur Votre Situation Financière :

Assurez-vous que vos objectifs financiers correspondent à votre situation actuelle et future attendue. Par exemple, si vous prévoyez un changement de carrière, ajustez vos objectifs financiers en conséquence. Une évaluation honnête de vos revenus, dépenses et priorités vous aidera à fixer des objectifs réalistes et réalisables.

Planification et Réévaluation :

Une fois que vous avez fixé vos objectifs, établissez un plan d'action détaillé pour chacun d'eux. Cela inclut des étapes spécifiques et le montant à épargner ou investir régulièrement. N'oubliez pas de réévaluer vos objectifs à intervalles réguliers pour vous assurer qu'ils sont toujours pertinents et alignés avec vos aspirations et conditions de vie.

En fixant des objectifs financiers bien définis et en les catégorisant selon leur échéance, vous jetez les bases d'une gestion financière proactive et orientée vers l'atteinte de vos ambitions. Ces objectifs servent de boussole, vous guidant dans vos décisions financières quotidiennes et vous donnant les moyens de construire un avenir financièrement sécurisant.

1.5 Importance de l'épargne et de l'investissement

L'épargne et l'investissement sont des piliers essentiels de la gestion financière personnelle. Ils jouent des rôles complémentaires dans la constitution d'un avenir financier stable et prospère. Comprendre leur importance et savoir les distinguer est crucial pour mettre en place une stratégie financière efficace.

L'épargne : Une Sécurité pour l'Avenir

L'épargne consiste à mettre de côté une partie de vos revenus pour des besoins futurs. C'est une composante fondamentale de toute gestion financière prudente, car elle vous permet de créer un fonds d'urgence, de planifier des dépenses importantes et de vous protéger contre les imprévus financiers.

Pourquoi épargner ?

- Sécurité financière : Un fonds d'urgence constitue un coussin financier qui peut vous aider à faire face à des situations imprévues telles qu'une perte d'emploi, des dépenses médicales, ou des réparations urgentes.

- Objectifs à court et moyen terme : L'épargne vous permet de planifier et de financer des projets spécifiques comme des vacances, l'achat d'une nouvelle voiture, ou des rénovations domiciliaires sans recourir à l'endettement.

- Gestion de la trésorerie : Elle offre une flexibilité financière en garantissant que vous avez toujours des liquidités disponibles pour couvrir vos besoins de base et vos désirs.

Comment maximiser votre épargne ?

- Automatisation : Configurez des transferts automatiques de votre compte courant vers votre compte d'épargne pour assurer une régularité.

- Évaluation régulière : Révisez régulièrement votre budget et ajustez vos contributions à vos épargnes selon vos objectifs et votre situation financière.

L'investissement : Faire Fructifier son Argent

L'investissement, quant à lui, vise à utiliser une partie de votre capital pour générer un rendement sur une période donnée. Contrairement à l'épargne, qui est souvent à faible risque et facilement accessible, l'investissement comporte des risques mais offre des possibilités de croissance plus significatives.

Pourquoi investir ?

- Croissance du capital : Les investissements peuvent offrir des rendements plus élevés que les comptes d'épargne traditionnels, augmentant ainsi la valeur de votre argent au fil du temps.

- Préparation de la retraite : Investir dans des plans de retraite ou divers portefeuilles d'investissement vous permet de constituer un capital significatif pour vos années post-travail.

- Atteinte d'objectifs à long terme : Les investissements à long terme dans des actions, des obligations ou l'immobilier peuvent vous aider à atteindre des objectifs financiers majeurs comme l'achat d'une propriété ou le financement des études de vos enfants.

Stratégies d'investissement efficaces :

- Diversification : Répartissez vos investissements entre différentes classes d'actifs pour minimiser les risques (actions, obligations, immobilier, etc.).

- Recherche et Education : Informez-vous sur les différentes options d'investissement et consultez des experts financiers pour élaborer une stratégie adaptée à vos objectifs et à votre tolérance au risque.

Combiner Épargne et Investissement

Pour une gestion financière optimale, l'épargne et l'investissement devraient fonctionner de concert. L'épargne offre la sécurité nécessaire pour vos besoins immédiats et imprévus, tandis que l'investissement vous permet de faire croître votre patrimoine et d'atteindre vos objectifs financiers à long terme.

Plan Balance :

- Court terme : Priorisez la création d'un fonds d'urgence et l'épargne pour les objectifs à court terme.

- Long terme : Allouez une partie de vos finances à des investissements adaptés à vos objectifs et à votre tolérance au risque.

En résumé, épargner et investir sont des étapes clés pour assurer une gestion financière saine. Alors que l'épargne vous protège contre les imprévus et les besoins immédiats, l'investissement vous aide à bâtir un avenir financier solide et prospère. En intégrant ces pratiques dans votre routine financière, vous prenez des décisions éclairées qui contribueront à votre stabilité et à votre croissance financière à long terme.

1.6 Comprendre et gérer les dettes

Les dettes font partie intégrante de la vie financière de nombreuses personnes. Bien comprises et bien gérées, elles peuvent être utilisées comme des leviers pour atteindre des objectifs financiers importants. Cependant, mal gérées, elles peuvent rapidement devenir un fardeau, retardant l'atteinte de vos objectifs et compromettant votre sécurité financière. La clé réside dans une compréhension approfondie des dettes et des méthodes efficaces pour les gérer.

Types de dettes :

Il est essentiel de distinguer les différents types de dettes pour mieux les gérer :

- Dettes productives : Ce sont les dettes contractées pour des investissements qui augmentent votre valeur patrimoniale à long terme, comme les prêts hypothécaires ou les prêts étudiants. Ces dettes sont généralement considérées comme « bonnes » car elles contribuent à l'accroissement de vos actifs ou de votre potentiel de revenu.

- Dettes non productives : Ce sont des dettes contractées pour des dépenses courantes ou des achats de biens de consommation qui ne génèrent pas de revenu futur, comme les dettes de cartes de crédit ou les prêts à la consommation. Ces dettes doivent être gérées avec prudence car elles peuvent rapidement s'accumuler et devenir coûteuses.

Pourquoi gérer ses dettes ?

Une gestion prudentielle des dettes est cruciale pour maintenir votre santé financière. Les dettes non maîtrisées peuvent entraîner des intérêts élevés, des frais de retard, et même des répercussions sur votre score de crédit. Cependant, une gestion stratégique des dettes peut améliorer votre pouvoir d'achat et soutenir vos projets d'investissement.

Stratégies de gestion des dettes :

1. Créez un plan de remboursement :

- Inventoriez vos dettes : Listez toutes vos dettes avec leurs montants, taux d'intérêt, et dates d'échéance.
- Priorisez les remboursements : Concentrez-vous d'abord sur les dettes ayant les taux d'intérêt les plus élevés. Une autre approche est la méthode de la « boule de neige » où vous remboursez d'abord les plus petites dettes pour obtenir un sentiment d'accomplissement et une motivation accrue.

2. Négociez avec vos créanciers :

- Si vous rencontrez des difficultés à rembourser, contactez vos créanciers pour négocier des conditions de remboursement plus favorables. Cela peut inclure un taux d'intérêt réduit, une extension de la période de remboursement, ou un plan de paiement ajusté.

3. Consolidez vos dettes :

- Regrouper plusieurs dettes en une seule dette à taux d'intérêt plus bas peut simplifier la gestion et réduire le coût global des intérêts. Toutefois, il est crucial de bien comprendre les conditions de consolidation pour éviter de prolonger inutilement la durée de remboursement.

4. Suivez votre budget :

- Maintenir un budget strict est important pour allouer adéquatement une partie de vos revenus au remboursement de vos dettes tout en couvrant vos dépenses courantes. Utilisez des outils de suivi financiers pour rester en ligne avec vos objectifs de remboursement.

5. Évitez l'accumulation de nouvelles dettes :

- Adoptez des habitudes de consommation responsables et évitez d'utiliser des crédits pour des achats non nécessaires. Si possible, payez-en cash ou par débit pour maintenir le contrôle sur vos dépenses.

6. Éduquez-vous :

- Informez-vous sur les implications légales et financières de vos dettes. Comprendre les contrats de prêt, les taux d'intérêt et les pénalités de retard vous évitera des surprises désagréables et des erreurs coûteuses.

L'impact de la gestion des dettes sur votre bien-être financier :

Une gestion efficace des dettes vous permet de réduire le stress financier, d'améliorer votre score de crédit, et de libérer des ressources financières pour d'autres objectifs comme l'épargne et l'investissement. Cela contribue également à une meilleure stabilité financière et à une capacité accrue à faire face aux imprévus.

En conclusion, bien qu'inévitables pour beaucoup, les dettes n'ont pas à être une source constante de stress. Avec une gestion prudente et des stratégies bien pensées, vous pouvez utiliser les dettes à votre avantage, bâtir une base financière solide, et progresser vers vos objectifs économiques de manière soutenue et fiable.

CHAPITRE 2 :
COMMENT ÉTABLIR
UN BUDGET RÉALISTE

A près avoir posé les bases de la gestion financière, il est temps de passer à l'étape suivante : l'établissement d'un budget réaliste. Ce chapitre vous guidera à travers les étapes nécessaires pour créer un budget qui reflète fidèlement vos revenus et vos dépenses, vous aidant ainsi à mieux contrôler vos finances et à atteindre vos objectifs financiers.

2.1 Importance du budget

L'élaboration d'un budget est une étape cruciale de la gestion financière personnelle. Un budget clair et bien structuré vous permet de prendre le contrôle de vos finances, de planifier vos dépenses, et d'atteindre vos objectifs financiers. Il offre un cadre pour organiser vos ressources et assure une utilisation judicieuse de vos revenus.

Contrôle financier :

Un budget permet de savoir exactement où va votre argent chaque mois. En ayant une vision claire de vos entrées et sorties financières, vous pouvez identifier les habitudes de dépenses superflues et les ajuster. Cela vous aide à éviter les débordements financiers et à maintenir un équilibre entre vos revenus et vos dépenses.

Réduction du stress financier :

En établissant un budget, vous pouvez prévoir et planifier vos dépenses, réduisant ainsi l'incertitude et le stress associés à la gestion des finances personnelles. Un budget vous donne une tranquillité d'esprit en vous assurant que toutes vos obligations financières, comme le loyer et les factures, seront couvertes.

Atteinte des objectifs financiers :

Un budget bien élaboré vous aide à allouer des ressources spécifiques pour vos objectifs financiers. Que vous souhaitiez épargner pour un voyage, rembourser une dette ou investir, un budget vous permet de planifier ces objectifs de manière réaliste et de suivre vos progrès.

Préparation aux imprévus :

Avoir un budget vous permet également de mettre de côté des fonds pour les dépenses imprévues. En réservant une partie de vos revenus pour un fonds d'urgence, vous serez mieux préparé à gérer les surprises financières sans compromettre vos autres objectifs financiers.

Optimisation des ressources :

Grâce à un budget, vous pouvez optimiser l'utilisation de vos ressources financières. Au lieu de deviner combien vous pouvez dépenser, vous avez des lignes directrices claires qui vous aident à maximiser chaque euro gagné. Cela est crucial pour éviter les gaspillages et pour la satisfaction d'investir de manière intelligente.

Renforcement de la discipline financière :

Établir et suivre un budget nécessite de la discipline, mais apporte de nombreux bénéfices sur le long terme. Cette discipline se traduit par une meilleure gestion des habitudes de consommation, ce qui vous permet de faire des choix financiers plus prudents et éclairés.

En somme, l'importance d'un budget ne peut être sous-estimée. Il est l'outil de base qui soutient toutes vos décisions financières et assure la stabilité et la croissance de votre situation financière. Un budget bien pensé et régulièrement mis à jour est la clé pour atteindre vos objectifs financiers et vivre de manière plus sereine et structurée.

2.2 Étapes pour établir un budget

Établir un budget réaliste et efficace implique de suivre plusieurs étapes clés. Ces étapes vous guideront pour organiser vos finances, suivre vos dépenses et maximiser votre potentiel d'épargne et d'investissement.

1. Collecte des informations financières :

Commencez par compiler toutes les informations concernant vos revenus et vos dépenses. Cela inclut :

- **Revenus** : Salaire, revenu complémentaire, revenus passifs (loyers, intérêts), allocations, etc.

- **Dépenses fixes** : Loyer ou hypothèque, assurances, abonnements, paiements de prêts.

- **Dépenses variables** : Épicerie, transport, loisirs, vêtements.

- **Dépenses occasionnelles** : Réparations, cadeaux, frais médicaux.

2. Calcul des revenus et des dépenses :

Déterminez votre revenu mensuel total en additionnant toutes les sources de revenus. De même, additionnez vos dépenses fixes, variables et occasionnelles pour obtenir vos dépenses mensuelles totales. Cette étape vous permet d'avoir une vue d'ensemble précise de votre situation financière.

3. Établissement des catégories budgétaires :

Divisez vos dépenses en catégories distinctes pour mieux les gérer. Les catégories peuvent inclure :
- **Nécessités** : Loyer/hypothèque, alimentation, transport, services publics.

- **Épargne et investissement** : Fonds d'urgence, épargne retraite, investissements divers.

- **Désirs** : Loisirs, sorties, voyages, shopping.

Cette segmentation permet d'identifier les domaines où des ajustements peuvent être faits pour optimiser les dépenses.

4. Fixation des plafonds de dépenses :

Attribuez un montant spécifique à chaque catégorie de dépenses en fonction de vos priorités et de vos objectifs financiers. Assurez-vous que le total de toutes les catégories n'excède pas votre revenu mensuel disponible. Cette étape vous aide à rester dans les limites de votre budget.

5. Mise en place du budget :

Créez un document ou utilisez une application de gestion financière pour structurer votre budget. Notez les montants attribués à chaque catégorie et les dates de révision. Cela vous donne une feuille de route claire pour suivre vos dépenses et vos progrès.

6. Suivi des dépenses :

Notez toutes vos dépenses quotidiennes et affectez-les aux catégories appropriées. Cela peut être fait manuellement dans un journal, via une feuille de calcul, ou en utilisant une application de suivi des dépenses. Le suivi régulier est essentiel pour rester aligné avec votre budget et identifier rapidement les écarts.

7. Réévaluation et ajustement :

À la fin de chaque mois, comparez vos dépenses réelles à celles prévues dans votre budget. Analysez les écarts pour comprendre où des ajustements sont nécessaires. Il peut s'agir de réductions dans certaines catégories ou d'augmentations dans d'autres en fonction de vos besoins et de vos priorités.

8. Revue périodique :

Un budget n'est pas fixe ; il doit évoluer avec votre situation financière. Révisez votre budget périodiquement — au moins tous les six mois — pour ajuster les montants en fonction de changements dans vos revenus, vos dépenses ou vos objectifs financiers.

En suivant ces étapes, vous élaborez un budget qui n'est pas seulement réaliste mais aussi flexible, reflétant vos besoins actuels et aidant à planifier pour l'avenir. Bien réalisé, un budget agit comme une boussole financière, guidant vos décisions économiques et assurant votre progression vers une meilleure stabilité et prospérité financière.

2.3 Méthodes de budgétisation

Il existe plusieurs méthodes de budgétisation que vous pouvez adopter en fonction de vos préférences, de votre situation financière et de vos objectifs. Chacune de ces méthodes a ses avantages et peut être adaptée à différents styles de gestion financière.

La méthode 50/30/20 :

Cette méthode divise vos revenus après impôts en trois grandes catégories :

- 50% pour les nécessités : Ce sont les dépenses essentielles, comme le logement, l'alimentation, les services publics, et les transports.

- 30% pour les désirs : Ces dépenses incluent les loisirs, sorties, shopping, et autres plaisirs personnels.

- 20% pour l'épargne et les remboursements de dettes : Inclut l'épargne pour les urgences, les investissements et le remboursement des dettes.

Cette méthode simple et flexible facilite la gestion des finances tout en assurant un équilibre entre les besoins, les désirs, et l'épargne.

2. La méthode de budgétisation zéro :

La budgétisation zéro signifie allouer chaque euro que vous gagnez à une catégorie spécifique jusqu'à ce que vous ayez "zéro" euro à la fin du mois. Cela inclut toutes les dépenses, l'épargne et le remboursement de dettes. Chaque euro a une mission :

Revenus - Dépenses - Épargne = Zéro

Cette méthode exige une planification minutieuse et un suivi rigoureux, mais elle permet de maximiser l'efficacité de chaque euro gagné.

3. La méthode de budgétisation par enveloppes :

Cette méthode consiste à allouer de l'argent liquide à différentes enveloppes représentant des catégories de dépenses comme l'épicerie, les loisirs, ou les vêtements. Une fois l'argent d'une enveloppe épuisé, aucune dépense supplémentaire ne peut être faite dans cette catégorie jusqu'au mois suivant :

- **Enveloppes physiques ou digitales** : Les applications peuvent remplacer les enveloppes physiques pour ceux qui préfèrent le numérique.

Cette méthode aide à limiter les dépenses impulsives et favorise une discipline stricte de la gestion des dépenses.

4. La méthode du revenu forfaitaire (Pay Yourself First) :

Cette méthode consiste à prioriser l'épargne avant les dépenses. Vous allouez d'abord une portion de votre revenu à votre épargne et à vos investissements, puis vous utilisez le reste pour vos dépenses nécessaires et discrétionnaires :

- **Économies et investissements automatiques** : Automatiser ces transferts pour garantir la constance.

- **Reste pour les dépenses :** Le reste de vos revenus est utilisé pour vos dépenses de la vie quotidienne.

Cette méthode favorise une discipline d'épargne efficace et garantit que l'épargne n'est pas laissée à la fin du mois, après les dépenses.

5. La méthode de la budgétisation traditionnelle :

Ici, vous définissez un montant fixe pour chaque catégorie de dépenses au début du mois. Cette méthode est la plus détaillée et nécessite une planification en profondeur de chaque dépense :

- **Catégorisation détaillée :** Alimentation, logement, transport, épargne, loisir, etc.

- Suivi rigoureux : Comparaison régulière des dépenses réelles avec les montants budgétés.

Cette méthode convient particulièrement à ceux qui aiment la précision et le contrôle détaillé sur leurs finances.

6. La méthode des roulements ou Rollover :

Avec cette méthode, les fonds non dépensés dans une catégorie à la fin du mois sont reportés au mois suivant. Cela crée une flexibilité financière et permet d'économiser sur certaines catégories pour se préparer à des dépenses plus importantes dans le futur :

- Rollover positif : Non dépensé ce mois-ci peut être utilisé plus tard.
- Rollover négatif : Dépassements couverts par le transfert des économies futures.

7. La méthode des besoins et des désirs (Needs vs Wants):

Cette méthode consiste à distinguer rigoureusement entre les besoins et les désirs. En priorisant vos besoins, puis en allouant une portion de votre revenu aux désirs, vous assurez que les dépenses essentielles sont toujours couvertes en premier.

Chaque méthode présente des avantages spécifiques et peut être choisie en fonction de vos habitudes financières et de vos objectifs à long terme. L'important est de trouver une méthode qui correspond à votre style de vie et qui vous aide à atteindre vos objectifs financiers de manière rigoureuse et pratique.

2.4 Exemple pratique de tableau de budget

Pour illustrer comment établir un budget, nous allons présenter un exemple pratique de tableau de budget mensuel. Ce tableau vous permettra de visualiser comment organiser vos revenus et dépenses afin de maximiser votre efficacité financière.

Tableau de budget mensuel

Revenus :

Catégorie	Montant (€)
Salaire principal	2500
Revenus complémentaires	500
Revenus passifs	200
Total des revenus	3200

Dépenses :

Dépenses fixes :

Catégorie	Montant (€)
Loyer/ Hypothèque	800
Assurance habitation	50
Assurance voiture	70
Services publics	150
Téléphone/ Internet	60

	Montant
Prêt étudiants	200
Total des dépenses fixes	1330

Dépenses variables :

Catégorie	Montant (€)
Épicerie	300
Transport (essence, etc.)	100
Divertissements	150
Restaurants	100
Vêtements	100
Santé et bien-être	50
Autres	100
Total des dépenses variables	900

Dépenses occasionnelles :

Catégorie	Montant (€)
Réparations voiture	100
Cadeaux	50
Frais médicaux	50
Total des dépenses occasionnelles	200

Épargne et investissements :

Catégorie	Montant

	(€)
Fonds d'urgence	200
Épargne retraite	200
Investissements	200
Total de l'épargne et investissements	600

Résumé :

Catégorie	Montant (€)
Total des revenus	3200
Total des dépenses	2430
Total épargne et investissements	600
Solde disponible	170

Analyse du tableau

Ce tableau de budget présente une répartition détaillée des revenus et des dépenses sur un mois. Les dépenses sont clairement divisées en fixes, variables, et occasionnelles pour une meilleure gestion et ajustement. Le tableau met également en lumière l'importance de l'épargne et des investissements en allouant une portion significative des revenus à ces catégories cruciales.

Catégorie	Montant (€)
Revenus	
Salaire principal	2500
Revenus complémentaires	500
Revenus passifs	200
Total des revenus	3200
Dépenses	
Dépenses fixes	
Loyer/Hypothèque	800
Assurance habitation	50
Assurance voiture	70
Services publics	150
Téléphone/Internet	60
Prêt étudiants	200
Total des dépenses fixes	1330
Dépenses variables	
Épicerie	300
Transport	100
Divertissements	150
Restaurants	100
Vêtements	100
Santé et bien-être	50
Autres	100
Total des dépenses variables	900
Dépenses occasionnelles	
Réparations voiture	100
Cadeaux	50
Frais médicaux	50
Total des dépenses occasionnelles	200
Épargne et investissements	
Fonds d'urgence	200
Épargne retraite	200
Investissements	200
Total épargne et investissements	600
Résumé	
Total des revenus	3200
Total des dépenses	2430
Total épargne et investissements	600
Solde disponible	170

Ajustements possibles

Après avoir suivi ce modèle pour quelques mois, analysez vos dépenses réelles par rapport à votre budget prévu. Ajustez les montants en fonction de vos priorités et de vos objectifs financiers :

- **Augmenter l'épargne : Si** vous trouvez des domaines où vous pouvez réduire vos coûts, allouez ces économies à votre épargne ou à vos investissements pour renforcer votre sécurité financière.

- **Réduire les dépenses variables :** Identifiez les catégories où les dépenses peuvent souvent flamber, comme les divertissements ou restaurants, et fixez des limites plus strictes.

Cet exemple pratique de tableau de budget vous offre une base solide pour structurer et suivre vos finances. En personnalisant ce modèle selon votre situation unique, vous serez mieux équipé pour gérer vos ressources et atteindre vos objectifs financiers de manière efficace.

2.5 Suivre et ajuster son budget

Établir un budget n'est qu'une première étape ; le suivre et l'ajuster régulièrement est essentiel pour garantir une gestion financière efficace et pour atteindre vos objectifs. Voici les étapes clés pour le suivi et l'ajustement de votre budget.

1. Suivi quotidien et hebdomadaire :

Pour maintenir le contrôle sur vos finances, il est crucial de suivre vos dépenses quotidiennement ou, à minima, chaque semaine. Cela vous permet d'identifier rapidement les écarts et de prendre des mesures correctives immédiates :

- **Enregistrez chaque dépense :** Notez chaque dépense, aussi petite soit-elle, dès qu'elle se produit. Vous pouvez utiliser des applications de gestion financière, des feuilles de calcul ou un carnet de notes.

- **Classez les dépenses :** Classez chaque dépense dans ses catégories budgétaires respectives (nourriture, transport, loisirs, etc.).

2. Analyse mensuelle :

À la fin de chaque mois, comparez vos dépenses réelles à celles prévues dans votre budget. Cela vous aide à comprendre où vous excellez et où des ajustements sont nécessaires :

- **Rapport des écarts :** Identifiez les écarts entre les dépenses budgétées et les dépenses réelles. Notez les catégories où vous avez dépassé le budget et celles où vous avez dépensé moins que prévu.

- **Évaluation des performances :** Analysez les raisons des écarts. Y-a-t-il eu des dépenses inattendues ou des changements dans vos revenus ? Ces informations vous fournissent des indices sur les habitudes financières à réajuster.

3. Ajustement du budget :

Sur la base de votre analyse mensuelle, ajustez votre budget pour le mois suivant. Les ajustements peuvent inclure :

- Augmentation ou réduction des montants alloués : Si certaines catégories voient systématiquement leurs budgets dépassés, vous pouvez réévaluer ces montants. À l'inverse, les catégories où vous sous-dépensez peuvent voir leurs allocations réduites.

- Révision des priorités : Si vos objectifs financiers changent ou si des événements imprévus se produisent (nouvelle dépense fixe, changement de revenu), adaptez votre budget en conséquence.

4. Outils et technologies :

Utilisez des outils numériques pour un suivi précis et simplifié :

- Applications de gestion financière : Des applications comme Mint, YNAB (You Need a Budget), et PocketGuard aident à automatiser le suivi des dépenses et fournissent des analyses en temps réel.

- Feuilles de calcul : Des feuilles de calcul personnalisées sur Excel ou Google Sheets peuvent également être utilisées pour un suivi détaillé et ajustable selon vos besoins.

5. Réunion budgétaire mensuelle :

Organisez une « réunion budgétaire » mensuelle, seule ou en famille si vous partagez les finances, pour discuter de l'état du budget. C'est un moment dédié pour passer en revue les performances du mois écoulé, ajuster les catégories et planifier pour le mois suivant:

- Discutez des succès et des défis : Qu'est-ce qui a bien fonctionné ? Quelles leçons peuvent être tirées des écarts ?

- Planifiez les ajustements : Définissez ensemble les ajustements nécessaires et assurez-vous que tous les membres de la famille sont alignés sur les objectifs budgétaires.

6. Flexibilité et adaptations :

Soyez flexible et prêt à adapter votre budget en fonction des impondérables ou des changements de votre situation personnelle et professionnelle :

- **Changements de revenu** : Ajustez rapidement votre budget en cas de changement significatif de revenu pour éviter les déficits et réallouer les ressources efficacement.
- **Événements imprévus** : Soyez prêt à revoir votre budget en cas de dépenses imprévues importantes ou de modifications dans vos perspectives financières.

7. Éducation continue :

Continuez à vous informer sur les meilleures pratiques de gestion budgétaire et ajustez vos méthodes en conséquence. Participer à des ateliers financiers, lire des articles spécialisés, et consulter des experts peut enrichir vos stratégies de suivi et d'ajustement du budget.

En suivant ces étapes systématiquement, vous pourrez maintenir un contrôle strict sur vos finances, ajuster vos plans en fonction de vos progrès et des défis, et atteindre vos objectifs financiers avec plus de précision et d'efficacité. La constance et la rigueur dans le suivi et l'ajustement de votre budget sont essentielles pour une gestion financière pérenne et réussie.

CHAPITRE 3 : SUIVI DES DÉPENSES ET DES REVENUS

A vec un budget en place, il est crucial de suivre de près vos dépenses et vos revenus pour rester sur la bonne voie. Ce chapitre se concentre sur les techniques et les outils de suivi financier, vous permettant d'analyser vos habitudes de dépenses, de détecter les écarts par rapport au budget et d'ajuster vos plans en conséquence.

3.1 Importance du suivi des finances

Le suivi attentif de vos finances est un aspect fondamental de la gestion financière personnelle. Il ne s'agit pas seulement de savoir combien d'argent vous avez, mais de comprendre comment et pourquoi vous le dépensez. Cela vous permet de prendre des décisions éclairées, de prévenir les problèmes financiers et d'atteindre vos objectifs économiques.

Clarté et transparence financière :

Le suivi des finances offre une vision claire et détaillée de vos revenus et dépenses. Cette transparence est cruciale pour savoir où va réellement votre argent. Sans suivi précis, il est facile de sous-estimer certaines dépenses, ce qui peut mener à des écarts budgétaires importants.

Prédiction et planification :

Suivre vos finances vous permet de prévoir les flux de trésorerie futurs. En comprenant vos habitudes de dépense et de revenu, vous pouvez anticiper les périodes de trésorerie tendue et planifier en conséquence. Cela vous aide à éviter les surprises financières et à établir des réserves pour les dépenses imprévues.

Identification des habitudes de dépenses :

Le suivi des finances vous aide à identifier vos habitudes de dépenses. Cela inclut les catégories où vous dépensez le plus, les dépenses impulsives ou récurrentes, et les domaines où vous pouvez potentiellement réduire vos coûts. Connaître ces habitudes est la première étape pour apporter des changements positifs à votre comportement financier.

Prévention de l'endettement :

Un suivi régulier de vos finances vous aide à éviter l'accumulation de dettes inutiles. En gardant un œil sur vos dépenses et vos soldes de crédit, vous pouvez prendre des mesures correctives avant qu'elles ne deviennent problématiques. Cela inclut le remboursement des dettes existantes et l'évitement de nouvelles.

Évaluation de l'atteinte des objectifs :

Suivre vos finances vous permet aussi de mesurer vos progrès vers vos objectifs financiers. Que ce soit l'épargne pour un voyage, l'achat d'une maison, ou la constitution d'un fonds de retraite, le suivi financier vous donne des points de référence pour évaluer si vous êtes sur la bonne voie ou si des ajustements sont nécessaires.

Amélioration de la prise de décision :

Disposer d'informations financières précises et à jour améliore la qualité de vos décisions économiques. Vous pouvez choisir combien épargner, où investir, ou si vous pouvez vous permettre certaines dépenses, en vous basant sur des données réelles plutôt que des approximations.

Réduction du stress :

L'incertitude financière est souvent une source majeure de stress. En suivant vos finances, vous obtenez un contrôle et une assurance qui réduisent l'anxiété liée aux questions d'argent. Vous savez exactement où vous en êtes, ce qui favorise une tranquillité d'esprit.

Optimisation fiscale :

Le suivi méticuleux des finances facilite également la préparation et la planification fiscales. Vous pouvez identifier les déductions et les crédits disponibles, organiser vos documents financiers, et éviter les pénalités de retard grâce à une gestion proactive et bien informée.

Adaptation aux changements :

La vie est pleine de changements : changement d'emploi, mariage, naissance, ou achat d'une maison. En suivant de près vos finances, vous pouvez rapidement ajuster votre budget et vos stratégies en fonction de ces nouvelles circonstances, garantissant ainsi une stabilité financière continue.

En conclusion, le suivi des finances n'est pas une tâche secondaire ; c'est une activité indispensable pour une gestion financière réussie. En vous engageant à suivre vos revenus et dépenses avec rigueur, vous posez les bases d'une stabilité financière durable, améliorez votre capacité à atteindre vos objectifs, et réduisez le stress lié aux incertitudes économiques.

3.2 Outils de suivi des dépenses et des revenus

Pour suivre efficacement vos finances, il est essentiel d'utiliser des outils appropriés. Ces outils peuvent grandement simplifier le processus, fournir des informations précises et vous aider à prendre de meilleures décisions financières. Voici une présentation des principaux types d'outils disponibles pour le suivi des dépenses et des revenus.

1. Outils traditionnels :

Cahiers de comptes :
Utiliser un cahier pour enregistrer vos dépenses et revenus reste une méthode simple et efficace. Vous pouvez y noter chaque transaction quotidienne et calculer manuellement les totaux pour différentes périodes. Cette méthode est idéale pour ceux qui préfèrent une approche tactile et visuelle.

Tableaux Excel :
Les feuilles de calcul comme Excel offrent une flexibilité accrue pour le suivi financier. Vous pouvez créer des tableaux personnalisés pour enregistrer vos revenus, vos dépenses, et faire des calculs automatiques. Excel permet également de générer des graphiques qui offrent une vue d'ensemble claire de votre situation financière.

2. Applications mobiles et en ligne :

Mint :
Mint est une application populaire qui centralise vos comptes bancaires, vos cartes de crédit, vos factures et vos investissements dans un seul endroit. Elle catégorise automatiquement vos transactions, vous permet de fixer des budgets, et offre des alertes pour les dépassements de budget ou les paiements de factures à venir.

You Need A Budget (YNAB) :

YNAB est une application axée sur l'allocation proactive des revenus. Elle aide les utilisateurs à planifier chaque dollar gagné, à suivre les dépenses en temps réel, et à prendre des décisions financières éclairées. YNAB met également l'accent sur la gestion des dettes et l'épargne d'urgence.

PocketGuard :

PocketGuard simplifie le suivi des finances en connectant vos comptes bancaires et en catégorisant vos dépenses automatiquement. Elle montre combien d'argent il vous reste après avoir couvert vos nécessités, vos factures et vos objectifs d'épargne. C'est un excellent outil pour éviter les dépenses excessives.

3. Logiciels de gestion financière :

Quicken :

Quicken est un logiciel de gestion financière complet qui offre des fonctionnalités avancées pour le suivi des dépenses, la budgétisation, et la gestion d'investissements. Il permet de surveiller vos finances depuis votre ordinateur, avec des rapports détaillés et des calculs automatiques pour faciliter la prise de décision.

Moneydance :

Moneydance combine la simplicité et les fonctionnalités puissantes pour le suivi des finances. Il prend en charge les comptes bancaires en ligne, la planification budgétaire, et l'analyse des dépenses. Ses graphiques interactifs facilitent l'évaluation de votre situation financière.

4. Outils bancaires :

Applications bancaires :

Presque toutes les banques offrent des applications mobiles qui permettent de suivre les soldes de compte, de vérifier l'historique des transactions, et parfois de classifier les dépenses. Certaines applis incluent des fonctions de budgétisation et des alertes pour les transactions importantes.

Portails en ligne :

Les portails en ligne des banques permettent un accès facile et sécurisé à vos données financières. Ils offrent des fonctionnalités telles que la gestion des factures, la visualisation des dépenses par catégorie, et l'exportation des données pour des analyses plus approfondies.

5. Enveloppes numériques :

Goodbudget :

Goodbudget est une application basée sur la méthode traditionnelle des enveloppes. Elle permet de diviser votre revenu en catégories d'enveloppes numériques pour suivre les dépenses et éviter les excès. C'est un excellent moyen pour ceux qui préfèrent une approche visuelle et segmentée de la gestion des finances.

Mvelopes :

Semblable à Goodbudget, Mvelopes utilise également la technique de budgétisation par enveloppes. Avec des fonctionnalités robustes pour le suivi des dépenses et la planification des budgets, cette application aide à maintenir la discipline financière et à atteindre vos objectifs de manière organisée.

6. Outils spécialisés :

Spendee :

Spendee offre une interface user-friendly pour enregistrer et analyser les dépenses. Elle permet de créer des portefeuilles partagés, idéal pour les familles ou les colocataires qui souhaitent suivre les finances communes. Des graphiques et des infographies rendent l'analyse des dépenses intuitive.

Expensify :

Principalement utilisé pour les dépenses professionnelles, Expensify est également utile pour les dépenses personnelles. Il permet de numériser les reçus, de suivre les kilomètres parcourus pour affaires, et de générer des rapports de dépenses détaillés.

En utilisant ces outils variés de suivi des dépenses et des revenus, vous pouvez trouver celui qui correspond le mieux à vos habitudes et à vos besoins financiers. Le choix de l'outil n'est qu'une partie de l'équation ; il est crucial de l'utiliser régulièrement et de manière systématique pour tirer un bénéfice maximal de vos efforts de suivi financier.

3.3 Techniques de suivi financier

Pour suivre efficacement vos finances, il est crucial d'adopter des techniques adaptées à vos besoins et à votre style de vie. Voici quelques-unes des techniques de suivi financier les plus efficaces, qui vous aideront à garder le contrôle sur vos revenus et vos dépenses.

1. La journalisation quotidienne des dépenses :

Cette technique consiste à enregistrer chaque dépense dès qu'elle survient. En notant immédiatement vos achats et paiements, vous gardez un suivi précis et à jour de vos sorties d'argent.

- **Application mobile ou carnet de notes :** Utilisez une application mobile dédiée pour simplifier la saisie des données, ou bien un carnet pour ceux qui préfèrent le support papier.

- **Categorie des dépenses :** Classez chaque dépense selon des catégories prédéfinies pour une analyse facile et rapide à la fin du mois.

2. Le relevé hebdomadaire :

Réunissez vos transactions financières une fois par semaine pour une vue d'ensemble plus fréquente de vos finances. Cette technique aide à identifier rapidement les irrégularités et à faire des ajustements en temps réel.

- **Synchronisation des comptes :** Connectez vos comptes bancaires à une application de suivi pour automatiser la collecte des données.

- **Analyse des dépenses :** Passez en revue vos transactions hebdomadaires et identifiez les catégories où vous avez dépensé plus ou moins que prévu.

3. L'enregistrement automatique :

Automatisez le processus de suivi en utilisant des applications et des outils bancaires qui enregistrent et catégorisent automatiquement vos transactions.

- Banques et applications : Optez pour des banques offrant des fonctionnalités de suivi intégrées et des applications qui synchronisent directement vos informations financières.

- Alertes et notifications : Configurez des alertes pour être informé des transactions majeures ou des dépassements des limites budgétaires.

4. Le pointage des relevés bancaires :

Effectuez une comparaison systématique entre vos relevés bancaires et vos registres de dépenses pour garantir l'exactitude des données.

- Mensuel ou hebdomadaire : En fonction de votre préférence, vous pouvez le faire chaque mois ou chaque semaine.

- Correction des erreurs : Corrigez immédiatement toute erreur ou transaction suspecte repérée pendant le pointage.

5. Utilisation de graphiques et tableaux de bord :

Visualiser vos finances sous forme de graphiques et de tableaux de bord peut rendre l'analyse plus intuitive et rapide.

- Applications financières : Utilisez des applications qui fournissent des visualisations graphiques de vos données financières.

- Tableaux de bord personnalisés : Créez vos propres tableaux de bord dans des feuilles de calcul comme Excel ou Google Sheets pour suivre les indicateurs financiers importants.

6. La méthode des enveloppes :

Allouez un montant spécifique pour chaque catégorie de dépense en utilisant des enveloppes physiques ou numériques. Cette technique limite les dépenses impulsives en vous obligeant à respecter les limites définies pour chaque catégorie.

- Enveloppes digitales : Utilisez des applications qui simulent des enveloppes budgétaires pour suivre facilement vos dépenses.

- Enveloppes physiques : Préparez des enveloppes réelles contenant de l'argent réservé pour chaque catégorie de budget.

7. La méthode de la double entrée :

Adoptez un système de comptabilité en double entrée où chaque transaction est enregistrée deux fois : une fois pour le débit (dépense) et une fois pour le crédit (revenu ou réduction d'une dette).

- Applications comptables : Utilisez des logiciels spécifiquement conçus pour la comptabilité personnelle, offrant des fonctionnalités de double entrée.

- Livres comptables : Pour ceux qui préfèrent une approche manuelle, tenez un journal de double entrée dans un livre de comptes dédié.

8. Le suivi des objectifs financiers :

Fixez des objectifs financiers précis et suivez régulièrement vos progrès.

- Segments d'objectifs : Divisez vos objectifs en segments plus petits et traçables pour mesurer votre avancement de manière plus détaillée et régulière.

- Retours réguliers : Planifiez des séances de revue régulières pour évaluer vos progrès et ajuster vos objectifs ou stratégies si nécessaire.

9. Groupes de soutien financier :

Rejoindre ou créer des groupes de soutien où les membres partagent leurs progrès financiers, défis et conseils peut avoir des avantages en termes de motivation et d'information.

- Partage d'expériences : Les réunions régulières offrent une plateforme pour discuter des meilleures pratiques et obtenir des retours constructifs.

- Responsabilité partagée : Le fait de rendre compte de ses progrès devant un groupe peut renforcer votre engagement à suivre et maîtriser vos finances.

10. Audit financier personnel :

Effectuez des audits financiers personnels périodiques pour évaluer l'efficacité de vos techniques de suivi et de gestion.
- Analyse approfondie : Examinez vos revenus, dépenses, dettes et investissements pour avoir une vue globale de votre situation financière.

- Rapport d'audit : Créez un rapport d'audit personnel qui résume vos observations et les actions correctives à prendre.

En employant ces techniques de suivi financier de manière consistante, vous disposerez d'une vue claire et précise de votre situation financière, vous permettant de prendre des décisions informées et de rester sur la voie de l'atteinte de vos objectifs financiers.

3.4 Analyse et interprétation des données financières

Analyser et interpréter les données financières est une étape cruciale pour comprendre vos habitudes financières, identifier les domaines d'amélioration et prendre des décisions éclairées. Cela permet de transformer les informations brutes en stratégies efficaces et actions concrètes pour améliorer votre situation financière.

Identification des tendances :

L'analyse des données financières aide à discerner des tendances et des patterns dans vos revenus et vos dépenses :

- **Dépenses récurrentes** : Identifiez les catégories où vos dépenses sont systématiquement élevées. Cela peut inclure les factures mensuelles récurrentes ou des dépenses variables comme les loisirs.

- **Variations des revenus** : Repérez des cycles ou des variations saisonnières dans vos revenus, comme des primes annuelles ou des revenus occasionnels.

Comparaison avec le budget :

Comparer vos dépenses et vos revenus réels avec le budget initialement prévu est essentiel pour mesurer la précision de vos prévisions et l'efficacité de votre gestion :

- **Écarts budgétaires** : Analysez les écarts entre le budget prévu et les dépenses réelles. Un écart important peut indiquer des erreurs de prévision ou des dépenses imprévues.

- **Réajustement des catégories** : Utilisez ces données comparatives pour réajuster les montants attribués à chaque catégorie de dépenses dans votre budget futur.

Analyse des dépenses par catégorie :

Diviser les dépenses par catégorie permet de comprendre où et comment votre argent est dépensé :

- **Pourcentage des dépenses** : Calculez le pourcentage de vos revenus dépensé dans chaque catégorie pour identifier les domaines susceptibles d'être réduits.
- **Priorisation des coupes** : Si des réductions sont nécessaires, priorisez les coupes dans les catégories de dépenses non essentielles.

Évaluation des ratios financiers :

Les ratios financiers sont des indicateurs importants de votre santé financière globale :

- **Taux d'épargne** : Le pourcentage de vos revenus épargnés chaque mois. Un taux d'épargne faible peut indiquer la nécessité d'augmenter l'épargne ou de réduire les dépenses.

- **Ratio dettes/revenus** : Le montant total de vos dettes divisé par vos revenus. Un ratio élevé suggère une réévaluation de l'approche de remboursement de la dette pour éviter des problèmes de surendettement.

Suivi des objectifs financiers :

Utilisez vos données pour évaluer vos progrès vers vos objectifs financiers à court et long terme :

- **Progrès par rapport aux objectifs** : Comparez vos économies actuelles, vos remboursements de dettes et vos investissements avec les objectifs fixés. Ajustez vos stratégies selon les résultats obtenus.

- **Dates cibles** : Mesurez combien vous avez atteint par rapport aux délais que vous vous êtes fixés. Les retards peuvent nécessiter un ajustement des montants d'épargne ou des dépenses.

Analyse des liquidités :

Assurez-vous que votre flux de trésorerie est suffisant pour couvrir vos dépenses courantes et imprévues :

- **Solde de trésorerie** : Comparez régulièrement votre solde de trésorerie au minimum nécessaire pour vos dépenses mensuelles et votre fonds d'urgence.

- **Prévision de trésorerie** : Projetez vos entrées et sorties de fonds pour identifier des périodes potentielles de tensions de trésorerie.

Évaluation des investissements :

L'analyse des performances de vos investissements vous aide à déterminer si vous êtes sur la bonne voie pour atteindre vos objectifs à long terme :

- **Rendement des investissements** : Calculez le retour sur investissement pour chaque actif afin d'évaluer ses performances par rapport aux attentes.

- **Rééquilibrage du portefeuille** : Réévaluez périodiquement la répartition de vos investissements pour maintenir un équilibre adapté à votre tolérance au risque et à vos objectifs.

Interprétation des anomalies :

Les anomalies dans vos données financières peuvent indiquer des erreurs ou des opportunités d'ajustement :

- **Transactions inhabituelles** : Recherchez des transactions inhabituelles ou des erreurs de saisie qui pourraient fausser votre analyse.

- **Opportunités d'économies** : Identifiez des périodes ou des catégories où des économies peuvent être réalisables, comme des abonnements non utilisés.

Utilisation des graphiques et visualisations :

Les graphiques et tableaux peuvent rendre l'analyse des données financières plus accessible et intuitive :

- Graphiques en courbes : Utilisez des graphiques en courbes pour visualiser les tendances de vos flux de trésorerie dans le temps.

- Diagrammes circulaires : Les diagrammes circulaires montrent la répartition des dépenses par catégorie.

- Graphiques à barres : Comparez les dépenses mensuelles ou annuelles côte à côte pour évaluer les variations.

Conclusion et actions recommandées :

Sur la base de votre analyse et interprétation, établissez un plan d'action concret pour améliorer votre situation financière :

- Actions correctives immédiates : Prenez des mesures immédiates pour corriger les écarts importants ou les anomalies identifiées.

- Stratégies à long terme : Développez des stratégies à long terme pour atteindre vos objectifs financiers, comme augmenter votre taux d'épargne ou diversifier vos investissements.

- Monitoring continu : Planifiez des séances régulières de revue financière pour suivre l'évolution de votre situation et ajuster vos plans en conséquence.

En appliquant ces techniques d'analyse et d'interprétation aux données financières recueillies, vous serez mieux équipé pour naviguer dans le paysage complexe de la gestion financière personnelle et pour prendre des décisions qui favorisent la santé financière et la réalisation de vos objectifs économiques.

3.5 Étude de cas pratique du suivi financier

Pour illustrer concrètement les concepts de suivi financier, nous allons examiner une étude de cas pratique. Cette étude de cas détaille comment une personne peut suivre ses finances, analyser les données, et ajuster son budget pour atteindre ses objectifs financiers.

Profil de l'individu :

- Nom : Marie
- Âge : 35 ans
- Statut familial : Célibataire
- Profession : Développeuse informatique
- Revenu mensuel net : 3 500 €

Étape 1 : Collecte des informations financières

Marie commence par rassembler toutes les informations concernant ses revenus et ses dépenses :

Revenus :
- Salaire principal : 3 500 €

Dépenses fixes :
- Loyer : 1 000 €
- Assurance habitation : 50 €
- Assurance voiture : 80 €
- Services publics : 150 €
- Téléphone/Internet : 50 €
- Prêt étudiant : 200 €

Total des dépenses fixes : 1 530 €

Dépenses variables :
- Épicerie : 300 €
- Transport (essence) : 100 €

- Loisirs : 150 €
- Restaurants : 100 €
- Vêtements : 100 €
- Santé et bien-être : 50 €
- Autres : 100 €

Total des dépenses variables : 900 €

Dépenses occasionnelles :
- Réparations voiture : 50 €
- Cadeaux : 100 €
- Frais médicaux : 50 €

Total des dépenses occasionnelles : 200 €

Épargne et investissements :
- Fonds d'urgence : 300 €
- Épargne retraite : 200 €
- Investissements : 200 €

Total de l'épargne et des investissements : 700 €

Étape 2 : Suivi quotidien et hebdomadaire des dépenses

Marie utilise une application de gestion financière pour enregistrer chaque dépense. Elle catégorise toutes ses transactions, ce qui lui permet d'avoir une vision claire et précise de ses dépenses quotidiennes et hebdomadaires.

Étape 3 : Analyse mensuelle des données financières

À la fin du mois, Marie analyse ses données :

- Revenu total : 3 500 €
- Dépenses totales : 1 530 € (fixes) + 900 € (variables) + 200 € (occasionnelles) = 2 630 €
- Épargne et investissement total : 700 €
- Solde disponible : 3 500 € - 2 630 € - 700 € = 170 €

Marie remarque qu'elle a un solde disponible de 170 €.

Étape 4 : Comparaison avec le budget initial

Marie compare les dépenses réelles avec le budget prévu et note des écarts dans certaines catégories :
- Les dépenses variables dans les loisirs ont dépassé de 50 € par rapport aux 150 € prévus.
- Les dépenses occasionnelles pour les cadeaux ont dépassé de 50 € par rapport aux 100 € prévus, en raison d'une fête d'anniversaire imprévue.

Étape 5 : Ajustements basés sur l'analyse

Marie décide de réajuster son budget pour le mois suivant en tenant compte des écarts :
- Elle réduit le budget des loisirs de 50 € et augmente le budget des cadeaux de 50 € pour se préparer aux événements imprévus.
- Elle ajoute un nouveau poste de dépense « Événements sociaux » avec une allocation mensuelle de 100 €, ce qui permettra de mieux anticiper les dépenses liées aux fêtes et réceptions.

Nouveau budget des catégories gourmandes :

Dépenses variables ajustées :
- Loisirs : 100 €
- Événements sociaux : 100 €

Étape 6 : Suivi des objectifs financiers

Marie s'assure que ses objectifs financiers sont bien alignés avec ses dépenses réelles :
- Elle continue à épargner 500 € chaque mois pour son fonds d'urgence et son épargne retraite.
- Les 170 € restants chaque mois seront partagés entre des projets d'investissement supplémentaires et l'épargne spécifique pour des vacances.

Étape 7 : Utilisation des graphiques pour visualiser les données

Marie utilise les fonctionnalités graphiques de son application

financière pour visualiser ses données :
- Un graphique circulaire montre la répartition de ses dépenses par catégorie.
- Un graphique en courbes compare ses dépenses réelles et attendues pour chaque catégorie de budget en cours.

Étape 8 : Plan action pour le mois suivant

Avec les informations collectées et analysées, Marie planifie le mois suivant :
- Elle garde un œil sur les catégories des dépenses variables et occasionnelles pour vérifier si les ajustements apportent les résultats escomptés.

- Elle planifie des revues financières hebdomadaires pour s'assurer qu'elle suit le nouveau budget ajusté.

L'étude de cas de Marie démontre comment suivre, analyser, et interpréter efficacement les données financières peut conduire à des ajustements précis dans le budget. Cela permet une gestion proactive et efficace, aidant à atteindre les objectifs financiers tout en anticipant et en adaptant les imprévus.

CHAPITRE 4 : OUTILS ET APPLICATIONS POUR LA GESTION DE L'ARGENT

Une gestion financière efficace nécessite l'utilisation d'outils adaptés. Dans ce chapitre, nous explorerons les différentes applications mobiles et en ligne qui peuvent simplifier la gestion de vos finances personnelles, en vous offrant des moyens pratiques pour suivre vos dépenses, planifier vos budgets et atteindre vos objectifs financiers avec plus de facilité.

4.1 Présentation des outils traditionnels

Les outils traditionnels de gestion financière restent des méthodes éprouvées et efficaces pour suivre et organiser vos finances personnelles. Ils offrent une simplicité et une accessibilité qui conviennent particulièrement à ceux qui préfèrent une approche manuelle et tangible à la gestion de l'argent.

Cahiers de comptes :

Les cahiers de comptes sont parmi les outils les plus basiques et les plus accessibles pour suivre vos finances. Ils consistent simplement en un cahier ou un carnet où vous pouvez enregistrer toutes vos transactions financières :

- **Simplicité d'utilisation** : Il suffit d'un stylo et d'un cahier pour commencer. Chaque dépense et revenu est noté à la main, permettant une vision claire et ordonnée.

- **Personnalisation** : Vous pouvez organiser le cahier en sections pour différents types de dépenses et de revenus, le colorer à votre guise et le rendre aussi détaillé que nécessaire.

- **Accessibilité** : Vous n'avez pas besoin d'ordinateur ou d'internet, ce qui rend cet outil idéal pour une utilisation rapide et en déplacement.

Avantages :
- **Simplicité** : Faciles à utiliser sans besoin de compétences techniques.
- **Personalisation** : Permettent une gestion personnalisée et créative des finances.
- **Aucun besoin d'internet** : Complètement hors ligne, idéal pour ceux qui préfèrent éviter le numérique.

Inconvénients :
- **Précision** : Risque d'erreurs humaines lors de l'enregistrement

manuel des transactions.

- **Temps consommation :** La saisie manuelle des données peut être chronophage.
- **Manque de visualisation :** Difficile de générer des rapports ou graphiques détaillés.

Tableaux Excel :

Les feuilles de calcul comme Excel offrent une flexibilité accrue et des capacités de calcul automatisé, tout en restant relativement simples à utiliser :

- **Organisation des données :** Excel permet de créer des tableaux personnalisés pour enregistrer vos dépenses, vos revenus et calculer automatiquement vos totaux mensuels, hebdomadaires ou annuels.

- **Fonctions de calcul :** Grâce aux formules intégrées, vous pouvez facilement calculer des sommes, des moyennes, et d'autres statistiques financières importantes, ce qui simplifie grandement l'analyse de vos données.

- **Visualisation :** Excel permet également de générer des graphiques et des tableaux de bord pour une visualisation claire de votre situation financière. Vous pouvez créer des graphiques à barres, en courbes, ou circulaires pour présenter vos données de manière visuelle et intuitive.

Avantages :
- **Flexibilité :** Hautement personnalisables avec des formules et des macros.
- **Automatisation :** Permet des calculs automatiques et des analyses avancées.
- **Visualisation :** Capacité de créer des graphiques et des tableaux de bord visuels.

Inconvénients :
- **Courbe d'apprentissage :** Peut être complexe pour ceux qui ne

sont pas familiers avec Excel.

- **Erreur humaine** : Risque d'erreurs si les formules sont mal configurées.

- **Accessibilité** : Besoin d'un ordinateur ou d'une application mobile pour y accéder.

Registres comptables :

Les registres comptables reprennent la forme des cahiers de comptes, mais avec une approche plus structurée et détaillée :

- **Structure formelle** : Les registres comptables sont souvent préimprimés avec des colonnes pour les dates, les descriptions des transactions, les montants débiteurs et créditeurs, facilitant ainsi la catégorisation et le suivi des transactions.

- **Exactitude accrue** : Utilisés couramment en comptabilité professionnelle, les registres comptables aident à maintenir une précision rigoureuse dans la gestion de vos finances personnelles.

Avantages :
- **Structure** : Préimprimés avec des colonnes pour une saisie organisée.
- **Exactitude** : Utilisés couramment en comptabilité professionnelle pour leur rigueur.

Inconvénients :
- **Rigidité** : Moins de flexibilité pour les personnaliser selon vos besoins spécifiques.
- **Manque de visualisation et d'automatisation** : Pas de capacité d'analyse avancée ou de génération automatique de rapports.

Portefeuilles physiques de reçus :

Conserver des portefeuilles physiques pour organiser et stocker vos reçus peut être utile pour la vérification des dépenses et la préparation des impôts :

- **Organisation systématique** : Classez les reçus par catégories de dépenses ou selon la période (mois, trimestre), ce qui facilite la référence ultérieure.

- Preuve d'achat : Garder des reçus est important pour les remboursements ou les échanges, ainsi que pour la documentation fiscale.

Calendriers financiers :

Les calendriers financiers aident à planifier et à rappeler les événements financiers importants tels que les dates d'échéance de factures, les paiements de prêts et les objectifs d'épargne :

- Planification visuelle : Les calendriers permettent de voir d'un coup d'œil les dates importantes, facilitant la gestion du flux de trésorerie et l'anticipation des besoins financiers.

- Rappels de paiements : En marquant les dates d'échéance des paiements sur le calendrier, vous évitez les oublis qui pourraient entraîner des frais de retard ou des pénalités.

Enveloppes budgétaires :

L'utilisation physique d'enveloppes pour gérer vos finances est une méthode traditionnelle très efficace pour maîtriser les dépenses :

- Allocation précise : Mettez de l'argent liquide dans des enveloppes dédiées à différentes catégories de dépenses (épicerie, loisirs, transport etc.). Une fois l'argent d'une enveloppe épuisé, aucune autre dépense ne peut être faite dans cette catégorie jusqu'au mois suivant.

- Discipline financière : Cette méthode impose une limite stricte à chaque catégorie de dépenses, facilitant ainsi la gestion de votre budget global.

Journaux personnels des finances :

Tenir un journal personnel des finances ajoute une dimension réflexive à la gestion financière. Notez non seulement les transactions mais aussi les observations et réflexions financières :

- Réflexion et analyse : En plus d'enregistrer les transactions, vous pouvez réfléchir sur vos habitudes de dépenses, noter les défis financiers rencontrés, et évaluer votre progression vers vos objectifs financiers.

- Documentation complète : Ce journal peut servir de document de référence pour comprendre les motivations derrière vos décisions financières et adapter vos stratégies en conséquence.

Les outils traditionnels de gestion financière ont toujours leur place dans un monde de plus en plus numérique. Leur simplicité et accessibilité en font des options précieuses pour ceux qui souhaitent une approche tangible et adaptable à la gestion de leurs finances personnelles. Ils posent les bases solides nécessaires pour une discipline financière rigoureuse et une maîtrise accrue de vos ressources.

4.2 Applications mobiles et en ligne

Les applications mobiles et en ligne offrent des solutions modernes et pratiques pour la gestion des finances personnelles. Elles permettent de suivre facilement les revenus, les dépenses, et les investissements, tout en offrant une gamme de fonctionnalités pour une gestion financière plus efficace et informée.

Mint :

Mint est l'une des applications de gestion financière les plus populaires. Elle centralise toutes vos informations financières en un seul endroit :

- **Synchronisation des comptes** : Connectez vos comptes bancaires, de crédit, de prêt, et d'investissement pour une vue unifiée.

- **Catégorisation automatique** : Mint catégorise automatiquement vos transactions, facilitant le suivi de vos dépenses par catégorie.

- **Budgétisation** : Créez des budgets personnalisés et recevez des alertes lorsque vous approchez ou dépassez vos limites.

- **Rapports et analyses** : Des graphiques et des rapports détaillés offrent une vue claire de votre situation financière et de vos habitudes de dépenses.

Avantages :
- **Centralisation :** Toutes les informations financières en un seul endroit.
- **Automatisation :** Catégorisation automatique des transactions.
- **Rapports détaillés :** Graphiques et analyses pour voir rapidement vos finances.

Inconvénients :
- **Sécurité et confidentialité :** Risque potentiel lié à la connexion de multiples comptes financiers.
- **Complexité initiale** : Peuvent nécessiter un certain temps

d'adaptation.

You Need A Budget (YNAB) :

YNAB est une application axée sur la méthode de budgétisation zéro. Elle aide les utilisateurs à attribuer chaque euro de leur revenu à des catégories spécifiques avant de les dépenser :

- **Allocation proactive :** Planifiez chaque euro de votre budget pour couvrir les dépenses actuelles et futures.

- **Gestion des dettes :** YNAB propose des outils pour suivre et rembourser les dettes de manière organisée.

- **Rapports de progrès :** Suivez vos progrès vers vos objectifs financiers grâce à des rapports et des graphiques clairs.

- ****Formation intégrée :** Accédez à des ateliers en ligne et des guides pour améliorer votre connaissance et pratique financière.

Avantages :
- **Budgétisation proactive :** Encourage la planification et l'allocation proactive des revenus.
- **Formation incluse :** Accès à des ateliers et guides pour améliorer les compétences financières.

Inconvénients :
- **Coût :** Peut être plus cher comparé à d'autres applications gratuites.
- **Temps de configuration :** Peut prendre du temps pour s'adapter à la méthode de budgétisation zéro.

PocketGuard simplifie la gestion de l'argent en vous montrant combien il vous reste à dépenser après avoir couvert vos nécessités et contributions d'épargne :

- In My Pocket" : Une fonctionnalité qui calcule ce qu'il vous reste à dépenser après avoir pris en compte vos revenus, vos dépenses et vos objectifs d'épargne.

- **Synchronisation bancaire** : Connectez vos comptes en toute sécurité pour automatiser le suivi des dépenses.

- **Alertes et notifications** : Recevez des alertes pour les dépenses importantes, les paiements de factures, et d'autres transactions cruciales.

- **Catégories personnalisées** : Créez et gérez des catégories de dépenses qui correspondent à votre style de vie.

Avantages :
- **Simplicité :** Interface simplifiée et facile à utiliser.
- **Suivi des dépenses en temps réel** : "In My Pocket" montre combien il vous reste à dépenser.

Inconvénients :
- **Options de personnalisation limitées** : Moins de flexibilité comparé à certaines autres applications.
- **Fonctionnalités avancées limitées** : Moins adapté pour une gestion financière complexe.

Goodbudget :

Goodbudget utilise la méthode des enveloppes budgétaires, mais en version numérique :

- **Enveloppes virtuelles** : Divisez vos revenus dans des enveloppes virtuelles pour différentes catégories de budget.

- **Synchronisation multi-appareils** : Suivez votre budget sur plusieurs appareils, utile pour les couples et familles qui partagent la gestion financière.

- **Rapports de dépenses** : Analysez vos habitudes de dépenses avec des rapports détaillés et des graphiques.

- **Planification de la dette** : Outils spécifiques pour planifier et suivre le remboursement des dettes.

Avantages :
- **Modèle des enveloppes** : Aide à contrôler les dépenses par catégories spécifiques.
- **Synchronisation** : Pratique pour les couples ou les familles qui partagent la gestion financière.

Inconvénients :
- **Interface moins sophistiquée** : Peut sembler basique comparé à des applications plus robustes.
- **Gestion manuelle des enveloppes** : Nécessite une saisie manuelle régulière.

EveryDollar :

EveryDollar est une application de budgétisation basée sur la méthode de budgétisation en zéro développé par Dave Ramsey :

- **Simplicité** : Interface simple et intuitive pour créer et suivre un budget mensuel.

- **Connexion bancaire (version payante)** : Synchronisez vos comptes bancaires pour une importation automatique des transactions.

- **Suivi des dépenses** : Enregistrez facilement chaque dépense et suivez votre progression en temps réel.

- **Mobile et Web** : Disponible sur mobile et en version Web pour une flexibilité d'utilisation.

Avantages :
- Simplicité d'utilisation : Interface intuitive pour créer et suivre un budget.
- Orientation pratique : Basé sur des principes éprouvés de gestion des finances personnelles.

Inconvénients :
- **Fonctionnalités limitées dans la version gratuite** : Certaines fonctionnalités avancées nécessitent un abonnement payant.

- L'intégration bancaire limitée dans la version gratuite : La synchronisation des comptes est payante.

Spendee :

Spendee est axée sur la gestion des finances personnelles avec une interface conviviale et colorée :
- Portefeuilles partagés : Créez des portefeuilles partagés avec des membres de famille ou des colocataires pour gérer les dépenses communes.

- Importation de données : Importez vos transactions bancaires, ou ajoutez-les manuellement.

- Budgeting : Établissez des budgets personnalisés pour chaque catégorie de dépense.

- Rapports visuels : Des graphiques et des infographies pour une analyse visuelle de vos finances.

Avantages :
- Interface visuelle : Interface colorée et agréable pour suivre les finances.
- Portefeuilles partagés : Idéal pour la gestion financière en groupe.

Inconvénients :
- Moins d'outils avancés : Moins de fonctionnalités avancées pour l'analyse financière par rapport à d'autres apps.
- Fonctionnalités payantes : Certaines fonctionnalités utiles peuvent nécessiter une souscription payante.

Money Manager :

Money Manager offre des fonctionnalités avancées pour une gestion détaillée des finances :

- Transactions récurrentes : Programmation des transactions récurrentes, comme les salaires ou les paiements de prêts.

- Établissement de rapports : Rapports détaillés par type de dépense, catégorie, compte, etc.

- **Synchronisation entre appareils** : Suivez vos finances depuis plusieurs appareils.

- **Fonctions de prêt et emprunt** : Suivez les prêts accordés ou reçus, et leur remboursement.

Avantages :
- **Suit toutes les transactions** : Programmation des transactions récurrentes pour une automatisation accrue.
- **Gestion détaillée des finances** : Outils pour suivre les prêts, dépôts, et retraits.

Inconvénients :
- **Interface complexe** : Peut ne pas être aussi facile à utiliser pour les débutants.
- **Synchronisation limitée** : La synchronisation est parfois limitée à certains appareils ou plateformes.

Personal Capital :

Personal Capital va au-delà de la simple budgétisation en offrant des outils robustes de gestion d'investissement :

- **Vue d'ensemble financière** : Connectez tous vos comptes bancaires et d'investissement pour une vue globale de votre patrimoine.

- **Gestion des investissements** : Suivez la performance de vos investissements avec des outils détaillés.

- **Planification de la retraite** : Outils spécifiques pour planifier votre épargne-retraite et évaluer si vous êtes sur la bonne voie.

- **Conseil financier** : Accédez à des conseils financiers personnalisés pour optimiser vos investissements.

Avantages :
- **Vue globale** : Intégration des comptes bancaires et

d'investissement pour une vue d'ensemble complète.
- **Outils d'investissement** : Fonctionnalités avancées pour la gestion d'investissement.

Inconvénients :
- **Complexité** : Peut être trop complexe pour ceux qui recherchent une simple gestion de budget.
- **Orienté investissement** : Moins adapté pour ceux qui se concentrent uniquement sur la budgétisation.

Wally :

Wally se concentre sur l'internationalisation et la gestion des dépenses personnelles:

- **Options de budget :** Créez des budgets pour différents groupes de dépenses, épargnes et même pour les voyages.

- **Suivi global :** Idéal pour les utilisateurs internationaux avec prise en charge de multiples devises.
- **Scanner de reçus** : Numériser les reçus pour une saisie rapide et précise des dépenses.

- **Partage familial** : Fonctionnalités pour partager des budgets et suivre les dépenses familiales.

Avantages :
- Adaptabilité internationale : Prise en charge de multiples devises, idéal pour les utilisateurs internationaux.
- Scanner de reçus : Fonctionnalité pratique pour enregistrer les dépenses rapidement.

Inconvénients :
- Interface utilisateur : Peut ne pas être aussi intuitive que certaines autres applications.
- Moins de fonctionnalités avancées : Moins de capacités d'analyse sophistiquées.

Élaborer et maintenir un budget précis, suivre les dépenses en temps réel, et analyser les habitudes financières sont rendus plus faciles grâce à ces applications. Elles fournissent une combinaison de simplicité d'utilisation et de fonctionnalités avancées, permettant de maîtriser vos finances personnelles de manière efficace et intuitive. En intégrant ces outils dans votre routine financière, vous pouvez améliorer la transparence, la gestion, et l'optimisation de votre argent.

4.3 Choisir les bons outils selon ses besoins

Le choix des outils de gestion financière doit être éclairé par une compréhension précise de vos besoins personnels et de vos objectifs financiers. Voici comment déterminer les outils les mieux adaptés à différentes situations et styles de vie.

Pour les débutants en gestion de budget :

Outils recommandés :
- **Cahiers de comptes :** La simplicité de cet outil en fait une excellente option pour ceux qui commencent à suivre leurs finances.
- **Goodbudget :** L'approche des enveloppes budgétaires aide les débutants à maîtriser le contrôle de leurs dépenses.

Caractéristiques recherchées :
- **Facilité d'utilisation :** L'outil doit être simple et intuitif pour éviter toute frustration.
- **Support éducatif :** Les outils qui proposent des guides ou des tutoriels peuvent aider à mieux comprendre les bases de la gestion financière.

Pour ceux qui souhaitent suivre chaque euro :

Outils recommandés :
- **You Need A Budget (YNAB) :** La méthode de budgétisation proactive aide à attribuer chaque euro avant de le dépenser.
- **PocketGuard :** Offre un suivi en temps réel et montre combien il vous reste à dépenser après avoir couvert vos nécessités et vos contributions d'épargne.

Caractéristiques recherchées :
- **Catégorisation détaillée :** L'outil doit permettre une classification précise des dépenses.
- **Suivi en temps réel :** Des mises à jour en temps réel aident à

suivre précisément où va chaque euro.

Pour les familles ou les groupes :

Outils recommandés :
- **Goodbudget** : Compatible avec plusieurs utilisateurs, idéal pour les couples et les familles.
- **Spendee** : Permet de créer des portefeuilles partagés pour gérer les dépenses communes.

Caractéristiques recherchées :
- **Synchronisation multi-appareils** : Important pour que tous les membres du groupe puissent accéder et mettre à jour le budget.
- **Partage des données** : Fonctionnalités qui permettent de partager facilement des données financières avec les autres membres.

Pour les professionnels occupant plusieurs emplois :

Outils recommandés :
- **Mint** : Centralise les informations financières de plusieurs comptes et emplois en un seul endroit.
- **Money Manager** : Offre un suivi détaillé des transactions et des revenus provenant de différentes sources.

Caractéristiques recherchées :
- **Gestion multi-comptes** : L'outil doit gérer plusieurs comptes et sources de revenu efficacement.
- **Automatisation des entrées** : La capacité à importer automatiquement des transactions provenant de diverses sources facilite la gestion.

Pour ceux ayant des compétences avancées en gestion financière :

Outils recommandés :
- **Excel** : Permet une personnalisation maximale avec des formules et des macros.
- **Personal Capital** : Outils robustes pour la gestion

d'investissements en plus de la budgétisation.

Caractéristiques recherchées :
- **Analyse avancée :** Des outils offrant des capacités d'analyse et de visualisation sophistiquées.
- **Personnalisation :** Permet de créer des tableaux et des graphiques personnalisés pour des analyses spécifiques.

Pour ceux cherchant à réduire leur endettement :

Outils recommandés :
- **You Need A Budget (YNAB) :** Conçu pour aider à rembourser les dettes de manière organisée.
- **EveryDollar :** Axé sur des principes de gestion des finances personnelles pour éviter les dettes.

Caractéristiques recherchées :

- **Planification de la dette :** Des fonctionnalités spécifiques pour suivre et planifier le remboursement des dettes.
- **Suivi des progrès :** Capacités à générer des rapports détaillés sur les progrès dans le remboursement des dettes.

Pour les utilisateurs internationaux :

Outils recommandés :
- **Wally :** Prise en charge de multiples devises, idéal pour ceux qui voyagent fréquemment.
- **Spendee :** Également adapté pour la gestion multidevise et les portefeuilles partagés.

Caractéristiques recherchées :
- **Support multidevise :** Important pour suivre les finances dans différentes monnaies.
- **Accessibilité mondiale :** L'outil doit être accessible et utilisable partout où vous allez.

Pour les investisseurs actifs :

Outils recommandés :

- **Personal Capital** : Outils avancés pour suivre et gérer les investissements.
- **Quicken** : En plus de la budgétisation, offre des fonctionnalités complètes pour la gestion des investissements.

Caractéristiques recherchées :
- **Analyse des investissements :** Des fonctionnalités pour analyser la performance des investissements.
- **Rééquilibrage du portefeuille :** Capacités à aider dans le rééquilibrage régulier des portefeuilles.

En choisissant des outils adaptés à vos besoins spécifiques, vous optimisez la gestion de vos finances personnelles. Que vous soyez débutant, membre d'une famille, professionnel avec plusieurs sources de revenu, ou investisseur actif, il existe des outils conçus pour vous aider à atteindre vos objectifs financiers de manière efficace et structurée.

4.5 Sécurité des données financières en ligne

Avec la montée en popularité des applications mobiles et des outils en ligne pour la gestion financière, la sécurité des données personnelles et financières est devenue une préoccupation majeure. Protéger vos informations sensibles est essentiel pour prévenir les fraudes et les vols d'identité. Voici les principales mesures et pratiques pour assurer la sécurité de vos données financières en ligne.

Utilisation de mots de passe forts :

Un mot de passe fort est la première ligne de défense contre les intrusions :

- **Complexité :** Utilisez des mots de passe complexes composés de lettres majuscules et minuscules, de chiffres et de symboles.

- **Unique :** Chaque compte doit avoir un mot de passe unique pour éviter qu'une compromission de mot de passe n'affecte plusieurs comptes.

- **Renouvellement régulier** : Changez vos mots de passe périodiquement pour renforcer la sécurité.

Authentification à deux niveaux (2FA) :

L'authentification à deux niveaux ajoute une couche supplémentaire de sécurité :

- **Codes jetables** : En plus du mot de passe, un code unique envoyé par SMS ou généré par une application d'authentification est requis pour accéder à vos comptes.

- **Biométrie** : L'utilisation de la reconnaissance faciale ou des empreintes digitales sur les appareils compatibles ajoute une sécurité biométrique.

Sécurisation des appareils :

Assurez-vous que les appareils utilisés pour accéder à vos données financières sont sécurisés :

- **Mises à jour régulières :** Maintenez vos systèmes d'exploitation et applications à jour avec les dernières mises à jour de sécurité.

- **Anti-virus :** Utilisez des logiciels anti-virus et anti-malware pour protéger contre les menaces en ligne.

- **Verrouillage des appareils :** Utilisez des mots de passe, des codes PIN ou des données biométriques pour verrouiller vos appareils.

Utilisation de connexions sécurisées :

Accédez à vos comptes financiers uniquement via des connexions sécurisées :

- **HTTPS :** Assurez-vous que les sites Web financiers utilisent le protocole HTTPS, qui chiffre les données transmises entre votre navigateur et le site Web.

- **Wi-Fi sécurisé :** Évitez d'accéder à vos comptes financiers par des réseaux Wi-Fi publics. Utilisez des réseaux privés et sécurisés ou une connexion VPN (réseau privé virtuel) pour une couche supplémentaire de protection.

Surveillance et alertes :

Activez les alertes pour surveiller toute activité suspecte sur vos comptes :

- **Notifications instantanées :** Mettez en place des notifications pour les transactions inhabituelles ou les tentatives de connexion depuis des appareils non reconnus.

- **Revue régulière :** Recherchez régulièrement votre historique de transactions pour identifier toute activité non autorisée.

Utilisation d'applications de confiance :

Téléchargez et utilisez uniquement des applications de gestion financière réputées et fiables :

- **Recherches préalables** : Vérifiez les avis, les notes et les antécédents des développeurs avant de télécharger une nouvelle application.

- **Sites officiels** : Téléchargez des applications uniquement depuis les magasins d'applications officiels (App Store, Google Play).

Protection des informations personnelles :

Soyez vigilant quant aux informations personnelles que vous partagez en ligne :
- **Phishing** : Méfiez-vous des emails, liens ou pièces jointes suspects qui peuvent essayer de recueillir vos données personnelles.

- **Identité numérique** : Ne partagez jamais vos mots de passe ou informations de connexion avec personne. Soyez prudent avec les informations que vous partagez sur les réseaux sociaux.

Cryptage des données :

Les données sensibles doivent être chiffrées pour éviter qu'elles ne soient interceptées et utilisées de manière malveillante :

- **Chiffrement des dispositifs** : Utilisez le chiffrement pour sécuriser les données stockées sur vos appareils mobiles et ordinateurs.

- **Chiffrement des transmissions** : Assurez-vous que les communications entre vos appareils et les serveurs des applications financières sont chiffrées.

Sauvegardes régulières :

Effectuez des sauvegardes régulières de vos données financières pour prévenir leur perte :

- **Cloud sécurisé** : Utilisez des services de stockage cloud sécurisés pour sauvegarder vos informations financières.

- Stockage local : Conservez des copies de sauvegarde cryptées sur des disques durs externes sécurisés.

Prudence avec les autorisations d'application :

Faites attention aux autorisations que vous accordez aux applications mobiles :

- Permissions minimales * Accordez uniquement les permissions nécessaires pour le fonctionnement de l'application.

- Revues fréquentes : Vérifiez régulièrement les permissions accordées aux applications et révoquez celles qui ne sont plus nécessaires.

Documentation et suivi des accès :

Gardez une trace des accès accordés et des modifications apportées à vos comptes :

- Journaux d'accès : Utilisez des journaux d'accès pour suivre toutes les connexions à vos comptes financiers.

- Historique des modifications : Conservez un historique des modifications importantes apportées à vos configurations de sécurité.

En appliquant ces mesures de sécurité, vous pouvez protéger vos données financières contre les menaces en ligne et garantir que vos informations sensibles sont sécurisées. La vigilance constante et l'utilisation des meilleures pratiques de sécurité sont essentielles pour une gestion sûre et efficace de vos finances personnelles en ligne.

CHAPITRE 5 : ADOPTER UN COMPORTEMENT FINANCIER POSITIF

Comprendre le comportement financier est essentiel pour maîtriser et respecter son budget. Ce dernier chapitre vous aidera à identifier et à surmonter les biais comportementaux, tout en développant des habitudes financières positives. Vous apprendrez à adopter une approche plus réfléchie et disciplinée pour une gestion financière optimale et durable.

5.1. Introduction au Comportement Financier

Importance de la Psychologie dans la Gestion Financière

La gestion des finances personnelles ne repose pas uniquement sur des chiffres et des calculs. En réalité, une grande partie de notre réussite financière dépend de notre comportement et de nos habitudes en matière d'argent. La psychologie financière, qui étudie la manière dont nos émotions et nos perceptions influencent nos décisions financières, joue un rôle crucial dans notre capacité à gérer efficacement notre budget.

Les décisions financières que nous prenons quotidiennement sont souvent influencées par des biais cognitifs et émotionnels. Par exemple, des sentiments de surconfiance peuvent nous pousser à sous-estimer nos dépenses ou à surestimer notre capacité à rembourser des dettes. De même, des émotions telles que la peur ou le stress peuvent conduire à des décisions impulsives, comme l'achat de biens non essentiels pour se réconforter.

Comprendre ces influences psychologiques nous permet de prendre conscience des pièges potentiels et de développer des stratégies pour les éviter. En adoptant des comportements financiers sains et en intégrant des pratiques réfléchies dans notre gestion quotidienne, nous pouvons non seulement maîtriser notre budget, mais aussi atteindre nos objectifs financiers de manière plus efficace et durable.

Objectifs du Chapitre

Ce chapitre a pour but d'aider les lecteurs à adopter un comportement financier positif afin de maîtriser et respecter leur budget. Nous explorerons les principaux biais comportementaux qui peuvent entraver une gestion financière saine et proposerons des stratégies pour développer des habitudes financières positives. Enfin, nous discuterons de techniques spécifiques pour suivre et ajuster son budget, ainsi que des outils et applications qui peuvent faciliter ce processus.

En comprenant et en maîtrisant les aspects psychologiques de la gestion financière, vous serez mieux équipé pour prendre des décisions éclairées, éviter les pièges communs et mettre en place des pratiques durables qui vous permettront de rester fidèle à votre budget. Que vous soyez novice en matière de gestion financière ou que vous cherchiez à améliorer vos compétences existantes, ce chapitre vous fournira les connaissances et les outils nécessaires pour réussir.

5.2 Comprendre les Biais Comportementaux

Explications

Les biais comportementaux sont des tendances cognitives qui influencent la manière dont nous prenons des décisions, souvent de manière inconsciente. En matière de gestion financière, ces biais peuvent nous amener à prendre des décisions qui ne sont pas toujours rationnelles ou optimales. Comprendre ces biais est la première étape pour les surmonter et améliorer notre comportement financier.

Biais de Surconfiance

Le biais de surconfiance se manifeste lorsque nous surestimons nos connaissances, nos compétences ou notre capacité à prévoir l'avenir. En finance, cela peut conduire à des décisions imprudentes, comme investir dans des actions risquées sans avoir fait suffisamment de recherches ou ignorer les avertissements de dépenses excessives.

Exemple : Un individu peut croire qu'il est capable de prédire les mouvements du marché boursier mieux que les experts et, par conséquent, investir massivement dans des actions spéculatives, ce qui peut entraîner des pertes financières importantes.

Comment le surmonter : Reconnaître que l'incertitude fait partie intégrante des décisions financières et s'efforcer de faire des choix basés sur des recherches approfondies et des conseils d'experts.

Biais d'Aversion à la Perte

L'aversion à la perte est notre tendance à préférer éviter les pertes plutôt qu'à réaliser des gains équivalents. Ce biais peut nous rendre trop prudents, nous empêchant de prendre des décisions financières bénéfiques, ou nous amener à nous accrocher à des investissements perdants par peur de concrétiser une perte.

Exemple : Un investisseur peut hésiter à vendre une action en baisse pour éviter de réaliser une perte, même si maintenir cet investissement est contraire à ses intérêts financiers à long terme.

Comment le surmonter : Se concentrer sur les objectifs financiers à long terme et évaluer les décisions d'investissement de manière rationnelle, en tenant compte des données et des tendances plutôt que des émotions.

Ancrage et Biais de Statu Quo

L'ancrage se produit lorsque nous nous appuyons trop fortement sur la première information reçue (l'ancre) pour prendre des décisions. Le biais de statu quo, quant à lui, est notre tendance à préférer la situation actuelle et à éviter le changement, même lorsque ce changement serait bénéfique.

Exemple : Lors de l'établissement d'un budget, une personne peut se baser sur ses dépenses passées sans chercher à les ajuster ou à les optimiser, même si ses besoins et ses objectifs ont changé.

Comment le surmonter : Revoir régulièrement ses finances et être ouvert aux ajustements nécessaires en fonction des nouvelles informations et des changements de situation personnelle ou économique.

L'Impact de ces Biais sur la Gestion Budgétaire

Ces biais comportementaux peuvent sérieusement entraver notre capacité à établir et à respecter un budget. Par exemple :

- **Surconfiance** : Peut conduire à des dépenses excessives ou à des investissements imprudents, dépassant le budget prévu.
- **Aversion à la perte** : Peut empêcher de prendre des décisions financières nécessaires, comme réallouer des fonds ou couper dans des dépenses non essentielles.
- **Ancrage et Statu Quo** : Peuvent maintenir des habitudes de dépenses inefficaces et empêcher l'adaptation du budget en fonction des changements de revenus ou de priorités.

En prenant conscience de ces biais et en adoptant des stratégies pour les gérer, vous pouvez améliorer votre discipline budgétaire, prendre des décisions financières plus judicieuses et atteindre vos objectifs financiers de manière plus efficace.

5.3 Stratégies pour Développer des Habitudes Financières Positives

Fixation d'Objectifs Budgétaires Réalistes

La première étape pour adopter un bon comportement financier est de définir des objectifs budgétaires clairs et réalistes. Ces objectifs doivent être spécifiques, mesurables, atteignables, pertinents et limités dans le temps (SMART).

Exemple :

- Objectif spécifique : "Épargner 500 € pour un fonds d'urgence d'ici la fin de l'année."
- Objectif mesurable : "Mettre de côté 50 € chaque mois."
- Objectif atteignable : Assurez-vous que cet objectif est réaliste en fonction de vos revenus et dépenses actuels.
- Objectif pertinent : Un fonds d'urgence est essentiel pour la stabilité financière.
- Objectif limité dans le temps : Échéance à la fin de l'année.

En définissant de tels objectifs, vous créez une feuille de route claire qui guide vos décisions financières et vous motive à rester discipliné.

Création de Routines Financières Saines

Les routines financières saines sont des habitudes régulières qui facilitent la gestion de vos finances et vous aident à rester fidèle à votre budget. Voici quelques pratiques à adopter :

Revue Mensuelle des Finances :

- Passez en revue vos revenus, dépenses et épargne chaque mois.
- Comparez les dépenses réelles avec le budget prévu.
- Identifiez les écarts et ajustez le budget si nécessaire.

Épargne Automatique :

- Configurez des virements automatiques de votre compte courant vers un compte d'épargne à chaque paie.
- Cela garantit que l'épargne est priorisée avant les dépenses discrétionnaires.

Suivi des Dépenses Quotidiennes :

- Utilisez une application de gestion financière pour enregistrer et catégoriser chaque dépense.
- Cela vous aide à garder une trace précise de vos habitudes de dépenses et à identifier les domaines où vous pouvez économiser.

Techniques pour Éviter les Dépenses Impulsives

Les dépenses impulsives peuvent facilement faire dérailler votre budget. Voici quelques techniques pour les éviter :

Liste de Courses :

- Faites une liste avant d'aller faire des courses et tenez-vous-y.
- Cela réduit les achats non planifiés et vous aide à respecter votre budget.

Attente de 24 Heures :

- Si vous envisagez un achat non essentiel, attendez 24 heures avant de l'effectuer.
- Cela vous donne le temps de réfléchir et de décider si l'achat est vraiment nécessaire.

Limitation de l'Exposition aux Tentations :

- Évitez de naviguer sur des sites de shopping en ligne ou de visiter des magasins sans intention d'achat spécifique.
- Désabonnez-vous des newsletters publicitaires et des notifications de promotions.

Importance de l'Éducation Financière Continue

La gestion financière est une compétence qui s'améliore avec le temps et l'apprentissage continu. Voici quelques moyens de continuer à vous éduquer :

Lectures et Ressources :

- Lisez des livres et des articles sur la gestion financière personnelle.
- Suivez des blogs et des podcasts spécialisés dans les finances personnelles.

Ateliers et Formations :

- Participez à des ateliers et des séminaires sur la gestion financière.
- Envisagez des cours en ligne sur des sujets financiers spécifiques.

Consultation avec des Experts :

- Consultez un conseiller financier pour obtenir des conseils personnalisés.
- Profitez des consultations gratuites souvent offertes par les banques et les institutions financières.

En adoptant ces stratégies, vous pouvez développer des habitudes financières positives qui vous aideront à maîtriser et respecter votre budget. La clé est la constance et l'engagement envers vos objectifs financiers, tout en restant flexible et prêt à ajuster votre plan au besoin.

5.4 Techniques pour Respecter son Budget

Suivi Régulier des Dépenses

Pour respecter un budget, il est essentiel de suivre régulièrement vos dépenses. Cela vous permet de savoir exactement où va votre argent et d'identifier rapidement les écarts par rapport à votre budget initial.

Méthodes de Suivi :

- **Applications Mobiles** : Utilisez des applications comme Mint, YNAB, ou PocketGuard pour suivre automatiquement vos dépenses. Ces applications peuvent synchroniser vos comptes bancaires et catégoriser vos transactions.
- **Feuilles de Calcul** : Si vous préférez une approche manuelle, utilisez des feuilles de calcul comme Excel ou Google Sheets. Créez des tableaux pour enregistrer vos revenus et dépenses, et mettez-les à jour régulièrement.
- **Carnets de Comptes** : Pour ceux qui préfèrent une méthode plus traditionnelle, tenir un carnet de comptes peut être efficace. Notez chaque dépense au fur et à mesure et catégorisez-les.

Fréquence du Suivi :

- **Quotidiennement** : Enregistrez vos dépenses chaque jour pour éviter d'accumuler un grand nombre de transactions à la fin du mois.
- **Hebdomadairement** : Passez en revue vos dépenses de la semaine et comparez-les à votre budget.
- **Mensuellement** : Faites un bilan à la fin de chaque mois pour analyser vos habitudes de dépenses et ajuster votre budget si nécessaire.

Ajustement et Révision du Budget

Un budget n'est pas figé ; il doit être flexible et adaptable en fonction de vos besoins et de vos circonstances changeantes.

Analyse des Écarts :

- Comparez vos dépenses réelles à celles prévues dans votre budget.
- Identifiez les catégories où vous avez dépassé le budget et celles où vous avez sous-dépensé.

Ajustements :

- Si vous dépassez régulièrement le budget dans une catégorie, augmentez l'allocation de cette catégorie et réduisez celle d'une autre moins prioritaire.
- Si vous avez des dépenses imprévues, ajustez votre budget pour les intégrer sans déséquilibrer vos finances.

Révisions Périodiques :

- Révisez votre budget chaque mois pour tenir compte des variations de revenus et de dépenses.
- Ajustez vos objectifs financiers en fonction des changements de situation, comme une augmentation de salaire ou une nouvelle dépense récurrente.

Utilisation d'Outils et Applications de Gestion Financière

Les outils et applications de gestion financière peuvent grandement faciliter le respect de votre budget en automatisant le suivi et en fournissant des analyses détaillées.(cfr chapitre 4)

Mise en Place de Mécanismes de Contrôle

Pour garantir que vous respectez votre budget, il est utile de mettre en place des mécanismes de contrôle.

Budgétisation par Enveloppes :

- Utilisez des enveloppes physiques ou des enveloppes numériques pour diviser votre argent en différentes catégories de dépenses.

- Une fois l'argent d'une enveloppe épuisé, évitez les dépenses supplémentaires dans cette catégorie jusqu'au mois suivant.

Comptes Bancaires Séparés :

- Créez des comptes bancaires séparés pour différentes catégories de dépenses, comme les factures, l'épargne et les loisirs.
- Cela vous aide à visualiser plus facilement combien d'argent est disponible pour chaque type de dépense.

Limitation de l'Utilisation des Cartes de Crédit :

- Utilisez principalement des cartes de débit ou de l'argent liquide pour éviter de dépenser de l'argent que vous n'avez pas.
- Si vous utilisez des cartes de crédit, assurez-vous de rembourser le solde complet chaque mois pour éviter les intérêts.

En adoptant ces techniques, vous pouvez non seulement créer un budget réaliste mais aussi le respecter de manière cohérente. La clé est la discipline et la constance dans le suivi et l'ajustement de vos finances, en utilisant les outils et stratégies qui conviennent le mieux à votre style de vie et à vos besoins financiers.

CONCLUSION

La gestion financière personnelle est une compétence essentielle qui influence profondément tous les aspects de notre vie. En comprenant les bases de la gestion financière et en adoptant des pratiques budgétaires solides, vous pouvez prendre le contrôle de vos finances, prévenir les dettes inutiles et atteindre vos objectifs économiques.

Établir un budget réaliste et le suivre rigoureusement permet de maintenir un équilibre entre revenus et dépenses tout en favorisant l'épargne et l'investissement. L'utilisation efficace des outils modernes, qu'ils soient traditionnels ou numériques, rend ce processus plus accessible et plus efficace. En analysant régulièrement vos données financières et en ajustant vos stratégies au besoin, vous améliorez continuellement votre situation financière.

Le chapitre sur le comportement financier a mis en lumière l'importance de comprendre et de gérer les biais comportementaux qui peuvent affecter nos décisions financières. En adoptant des habitudes financières positives et en étant conscient des influences psychologiques, vous serez mieux équipé pour maintenir un budget équilibré et atteindre vos objectifs financiers de manière durable.

Choisir les bons outils en fonction de vos besoins et s'assurer de la sécurité de vos données financières est crucial dans un monde de plus en plus digital. Que vous soyez débutant ou expert en matière de gestion financière, il existe des solutions adaptées à chaque profil qui vous aideront à naviguer dans votre parcours financier avec confiance et assurance.

Votre voyage vers une meilleure gestion financière est un processus continu qui demande persévérance et discipline. En appliquant les principes et techniques partagés dans ce guide, vous pouvez bâtir une base solide pour votre avenir financier. Prenez le temps de réévaluer régulièrement vos progrès, célébrez vos succès et ajustez vos plans pour surmonter les défis. Avec des connaissances solides et des outils appropriés, vous êtes bien équipé pour atteindre vos objectifs et vivre une vie financièrement stable et épanouissante.

Si ce guide vous a été utile, je vous encourage à laisser une note et un commentaire. Votre avis est précieux et aidera d'autres lecteurs à découvrir et bénéficier de ce livre. Merci de votre confiance et bonne gestion financière !

Vous souhaitez prendre en main vos finances et atteindre vos objectifs financiers ? " Devenez Maître de Votre Budget " est le guide parfait pour vous accompagner dans cette démarche. Conçu pour les débutants ainsi que pour ceux qui veulent approfondir leurs connaissances, ce livre vous fournit les outils et les techniques nécessaires pour une gestion financière efficace.

ISBN 9798332464188

90000

9 798332 464188